Die Schönborns

kleine bayerische biografien

herausgegeben von
Thomas Götz

KARIN SCHNEIDER-FERBER

Die Schönborns

Fürstbischöfe zwischen Macht und Kunst

Verlag Friedrich Pustet
Regensburg

Bibliografische Information der Deutschen Nationalbibliothek
Die Deutsche Nationalbibliothek verzeichnet diese Publikation in der Deutschen Nationalbibliografie; detaillierte bibliografische Daten sind im Internet über https://dnb.dnb.de abrufbar.

Gutenbergstraße 8 | 93051 Regensburg
Tel. 0941/920220 | verlag@pustet.de

ISBN 978-3-7917-3503-0
Reihen-/Umschlaggestaltung und Layout: www.martinveicht.de
Umschlagmotive: Vorderseite: Hauptaltarbild der Pfarrkirche von Gaibach, gemalt von Franz Lippold, 1748 (Interessengemeinschaft Gutshof Öttershausen e. V., mit freundlicher Genehmigung der kath. Kirchenstiftung Allerheiligste Dreifaltigkeit Gaibach); Rückseite: Wappen Johann Philipp von Schönborns als Erzbischof von Mainz, Hof zu Homberg (https://commons.wikimedia.org).
Satz: Vollnhals Fotosatz, Neustadt a. d. Donau
Druck und Bindung: Friedrich Pustet, Regensburg
Printed in Germany 2024

Unser gesamtes Programm finden Sie unter
www.verlag-pustet.de

Inhalt

Einleitung: Ein Haus und seine Liebe zu barocker Pracht

Sie haben Franken zum Leuchten gebracht: Nicht umsonst nennt man die Fürstbischöfe aus dem Hause Schönborn die »Väter des fränkischen Barock«. Verschwenderisch und ohne Rücksicht auf die Kosten erbauten sie ihre fürstbischöflichen Residenzen in Würzburg und Bamberg, ihre Privatschlösser in Gaibach und Pommersfelden, legten Gemäldesammlungen, Barockgärten und Familiengrablegen an und hinterließen an allen Ecken und Enden ihrer Bistümer einen reichen Schatz an Wallfahrtskirchen, Dorfkirchen und Kapellen, die ihre barocke Ästhetik auch auf dem flachen Land verbreiteten. Mit großem Kunstsinn engagierten sie dafür die besten Künstler ihrer Zeit: Balthasar Neumann, Johann Lucas von Hildebrandt, Antonio Bossi, die Gebrüder Dientzenhofer. Unter ihren glücklichen Händen wuchsen Werke von europäischem Rang in die Höhe, die heute wie die Würzburger Residenz zum UNESCO-Welterbe zählen. Dass seine ganze Familie vom »Bauwurmb« befallen sei, gab Lothar Franz von Schönborn (1655–1729) unumwunden zu. Das Bauen machten die Schönborns mehr oder weniger zur Familiensache. So tauschten sie sich innerhalb der Verwandtschaft über die jeweiligen Projekte aus, holten sich fachkundigen Rat ein, vermittelten Künstler und transferierten Ideen.

Und dennoch waren die Schönborns viel mehr als nur prunkliebende Bauherren: Sie hatten auch eine politische Vision. In einer Zeit, in der nach dem Westfälischen Frieden (1648) die großen Landesherrschaften zu erstarken begannen – die sächsischen Wettiner erwarben die Krone Polens, der Kurfürst von Brandenburg stieg zum König in Preußen auf, die Hannoveraner wurden zu Königen von England gekrönt und die bayerischen Wittelsbacher machten sich Hoffnungen auf die Krone Spaniens –, setzten sie ganz auf das Reich. Im bunten Kreis der mittelgroßen Reichsterritorien, heute gemeinhin als »Flickenteppich« auf der Landkarte verpönt, sahen sie das eigentliche Substrat des Alten Reiches, seinen innersten Kern verkörpert. Zu dessen Bewahrung kam den Schönborns in ihrer Eigenschaft als Kurfürsten und Erzbischöfen von Mainz eine Schlüsselrolle zu. Mit ihrer Politik versuchten sie, den Gegensatz zwischen Frankreich und Habsburg abzumildern und unter allen Umständen den fragilen Frieden im Reich zu wahren. Sie machten sich zu Anwälten des in viele kleine Herrschaften zersplitterten Reichs, zu dem auch die geistlichen Fürstentümer zählten, die nach dem Dreißigjährigen Krieg und den zahlreichen Konfessionskonflikten auf den Erhalt des Status quo in besonderem Maße angewiesen waren. Die Reichskirche wurde somit einmal mehr zur Trägerin des Reichsgedankens. Und wie keinem anderen Geschlecht gelang es den Schönborns, die Institution Kirche zu dominieren: In den Jahren zwischen 1642 und 1756 besetzten sechs Mitglieder der Familie zum Teil gleichzeitig und in Ämterakkumulation bedeutende geistliche Erz- und Fürstbistümer, darunter neben Würzburg und Bamberg die rheinischen Bistümer Trier, Mainz, Worms, Speyer sowie Konstanz. Sie stellten damit zwei Reichskanzler, einen Reichsvizekanzler und drei Kurfürsten. Über die Linie der Schwesternsöhne kamen bis 1797 weitere fünf Fürstenthrone hinzu. Damit besaßen die Schönborns über vier Generationen und 150 Jahre hinweg maßgeblichen Einfluss auf die Germania Sacra.

Einer der bedeutendsten unter ihnen, Friedrich Karl von Schönborn (1674–1746), Fürstbischof von Würzburg und Bamberg, Vollender des Rohbaus der Würzburger Residenz, begeht 2024 seinen 350. Geburtstag. Als Reichsvizekanzler lange Zeit in Wien residierend, kam er mit den Großbauten und Architekten des Kaiserhofes in Berührung und übernahm dabei viel von deren künstlerischem Gedankengut für seine eigenen Projekte. Als aufgeklärter Geist kümmerte er sich darüber hinaus um die innere Verwaltung seiner Bistümer, förderte Bildungswesen und Universität. Das anstehende Jubiläum mag den Anlass geben, erneut auf dieses bedeutende Geschlecht zurückzublicken, das zwar seine fürstbischöfliche

Das Bistum Würzburg führt seine Gründung auf den angelsächsischen Missionar Bonifatius (741/42) zurück. Der zur salischen Zeit errichtete Dom gehört zu den größten romanischen Basiliken Deutschlands.

Macht nach der Säkularisation verlor, als Familienverband aber aufgespalten in drei Linien bis in die heutige Zeit überdauerte: Der amtierende Wiener Erzbischof und Kardinal Christoph Schönborn (geb. 1945) entstammt der böhmischen Linie dieses traditionsreichen Hauses.

Macht und Pracht waren bei den Schönborns eng verwoben. Dabei war ihnen ihr sagenhafter Aufstieg von einem minder begüterten Reichsrittergeschlecht zu den höchsten Würdenträgern der Reichskirche keinesfalls in die Wiege gelegt. Nüchterne Karriereplanung, innerfamiliärer Zusammenhalt, Rückstellung individueller Wünsche und persönlicher Ehrgeiz waren nötig, um sich zielstrebig nach oben zu arbeiten. Die Schönborns tragen so alle Kennzeichen einer Aufsteigerfamilie. Riskant war ihre Strategie allemal, denn die Fixierung der männlichen Nachkommen auf die Kirchenlaufbahn entzog dem Adelsgeschlecht gleichzeitig seine Möglichkeiten zur Fortpflanzung. Mehrmals ruhte der Bestand der Familie nur auf einem einzigen Ehepaar, das auf viele Nachkommen, insbesondere auf Söhne, hoffen musste – angesichts hoher Kindersterblichkeit und geringer Lebenserwartung ein Wandeln auf schmalem Pfad. So gehörte auch eine ganze Portion Glück zum Aufstieg der Schönborns: Die Fürstbischöfe fanden stets genügend Neffen vor, denen sie den Weg in die Domkapitel ebnen und die sie für die Nachfolge auf den Bischofsstühlen in Stellung bringen konnten. Und auch die reiche Schar der Nichten ließ sich zum Vorteil der Familie mit alteingesessenen Stiftsfamilien verheiraten. Das Beziehungsgeflecht der Schönborns erwies sich über mehrere Generationen als sehr tragfähig.

1. Die Reichskirche als Sprungbrett: Stufen auf der Karriereleiter

DIE HERKUNFT DER FAMILIE AUS DEM RHEIN- UND TAUNUSGEBIET

Man sollte annehmen, dass eine Familie, die ein so reiches kulturelles Erbe in Franken hinterließ, auch aus diesem Gebiet stammte. Doch weit gefehlt: Beheimatet waren die Schönborns ursprünglich ganz woanders. Ihre Wurzeln, die sich urkundlich bis ins ausgehende 13. Jahrhundert zurückverfolgen lassen, lagen im Westerwald und im hinteren Taunus. Der kleine Ort Schönborn nahe Diez an der Lahn gab dem Geschlecht seinen Namen. Die Familienlegende sieht in einem Ritter namens Eucharius, der den »Schönen-Born« zur Stauferzeit einst bebaut haben soll, den Stammvater der Genealogie. Doch erst im 14. Jahrhundert wird die dem niederen Adel zugehörige Familie etwas besser greifbar. Aufgespalten in mehrere Linien – darunter die Hahnstätter, Westerburger und Freienfelser – fielen ihre Stammgüter so gering aus, dass sie sich stets in fremde Dienste begeben mussten und als Burgleute, Hofmeister und Amtmänner verschiedenen Lehensherren dienten.

Von den Hahnstättern weiß man, dass sie vor allem für die Grafen von Katzenelnbogen, die ihnen den Ort Hahnstätten mit Burg übertrugen, und für Kurmainz tätig waren; die Freienfelser, auf die die späteren Schönborn-Bischöfe zurückgehen, sind dagegen als kleine Gefolgsleute und Amtmänner der Grafen von Nassau-Weilburg seit dem 15. Jahrhundert überliefert. Über diese erhielten sie 1466 die Burg Freienfels nahe Weilburg hoch über dem Weilbachtal zu Lehen. Ein gutes halbes Jahrhundert später kam als trierischer Lehensbesitz noch die nahe gelegene Burg Eschbach (Laubuseschbach im Landkreis Limburg-Weilburg) in ihren Besitz. Da die Lehensherren, für die die Freienfelser Schönborns Verwaltungsarbeiten versahen, sich der lutherischen Lehre anschlossen, bekannten sich auch einzelne Vertreter aus dieser Linie zum Protestantismus. Mit ziemlicher Sicherheit galt dies für Georg I. von Schönborn, der als Amtmann in Weilburg arbeitete und 1560 verstarb. Die Hahnstätter blieben dagegen immer katholisch und sind zur selben Zeit urkundlich in etlichen Klöstern und Orden sowie erstmals auch in den Domkapiteln von Mainz und Trier nachweisbar. Den Höhepunkt der vorläufigen Kirchenkarriere erreichte dieser Familienzweig mit dem Mainzer Domherrn Friedrich Georg von Schönborn (nachgewiesen zwischen 1572 und 1640), der 1588 Domkapitular in Mainz wurde, seit 1619 als Amtmann im domstiftischen Bingen wirkte und 1639 zum Domkantor aufstieg. Mit ihm hatten die Schönborns erstmals einen Prälaten in ihren Reihen, doch zeichnete sich mit ihm auch das Aussterben der Hahnstätter Linie ab, denn er war der letzte Vertreter seines Familienzweiges.

Die Hoffnungen des Geschlechts ruhten daher auf den Freienfelsern auf der Burg Eschbach. Hier lebte inzwischen Georg IV. von Schönborn, der das Amt Runkel für den protestantischen Grafen von Wied verwaltete. Ob er selbst der evangelischen Lehre anhing, ist nicht eindeutig zu klären. Die Taufurkunde für seinen 1605 geborenen ältesten Sohn Johann Philipp – den späteren Erzbischof von Mainz – stellte jedenfalls der protestantische Pfarrer Jacobus Staudt von Blessenbach aus, in dessen Zuständigkeitsbereich die Burg Eschbach fiel. Doch besagte dies andererseits nicht allzu viel, da die Eltern den Konfessionsstand bestimmen konnten. Verheiratet war Georg von Schönborn jedenfalls auf Vermittlung des Mainzer Domkapitulars Friedrich Georg seit 1603 mit Maria Barbara von der Leyen, einer Frau mit dezidiert katholischem Hintergrund. In ihrer Verwandtschaft fanden sich Domherren in Mainz, Worms, Trier und Würzburg. Neben einem stattlichen Erbe aus ihrer aussterbenden Herkunftsfamilie brachte die Braut damit ein gutes Beziehungsgeflecht in den Stiftsadel mit in die Ehe. Drei Kindern schenkte Maria Barbara auf Burg Eschbach in den folgenden Jahren das Leben: Johann Philipp (1605), Philipp Erwein (1607) und Agatha Maria (Geburtsdatum unbekannt). Doch das Familienglück währte nicht lange: Vater Georg starb bereits im Jahr 1614. Um die drei minderjährigen Kinder musste sich nun die Witwe mit Unterstützung ihrer Verwandten kümmern. Der Mainzer Domkantor Friedrich Georg und die mütterliche Sippschaft in den diversen Domstiften nahmen sich der Aufgabe engagiert an. Damit eröffnete sich für die beiden männlichen Halbwaisen der Weg in die Kirche, die mit gut dotierten Pfründen lockte.

IHRE ZUGEHÖRIGKEIT ZUR REICHSRITTERSCHAFT

Die Familie der Schönborns entstammte dem Kreis der Reichsritterschaft. Bei Ausbruch des Dreißigjährigen Krieges (1618) gab es rund 1.500 solcher kleiner Territorialherrschaften, die keinen Landesfürsten, sondern nur den Kaiser als unmittelbares Oberhaupt anerkannten. Der Stand war einst aus den Edelfreien und ritterlichen Dienstmannen des Mittelalters hervorgegangen, umfasste etwa 350 Familien und erfreute sich zahlreicher Privilegien. Denn auf ihren Rittergütern schalteten und walteten die Reichsritter so frei wie große Fürsten. Häufig übten sie die hohe und niedere Gerichtsbarkeit aus, leisteten nur einen kleinen Steuerbetrag zur Finanzierung des Reiches und durften bei Streitigkeiten gleich an den Reichshofrat appellieren, ohne den Umweg über ein landesfürstliches Gericht nehmen zu müssen. Voraussetzung für dieses freie Herrenleben war der Besitz eines reichsunmittelbaren, in die Matrikel der Ritterkreise eingetragenen Landguts. Da der Rechtsstatus nicht an die Größe des Grundbesitzes gebunden war, konnte das Rittergut auch äußerst klein ausfallen.

Reich waren die Reichsritter meistens nicht, aber frei und in der Ausübung ihrer Macht weitestgehend ungebunden. Ihren »Kollegen« aus dem landsässigen niederen Adel fühlten sie sich daher deutlich überlegen. Einziger Wermutstropfen: Anders als die hohen Fürsten, Kurfürsten, Reichsgrafen und Prälaten besaßen die Reichsritter keine Vertretung im Reichstag, dem wichtigsten Gremium der frühneuzeitlichen Reichsverfassung, in dem die Reichsstände – Klerus, Adel, Freie und

Reichsstädte – in Zusammenarbeit mit dem Kaiser über wichtige Angelegenheiten und Steuerfragen berieten. Politisch blieben die Reichsritter daher weitgehend machtlos. Ihr Einfluss auf Kaiser und Reich war marginal, weshalb sie sich seit 1577 in eigenen Organisationen wie dem Schwäbischen, Fränkischen oder Rheinischen Ritterkreis zusammenschlossen, um ihre Interessen gemeinsam zu vertreten. Dennoch blieb ihr Stand stets gefährdet. Weder politisch noch wirtschaftlich potent, gerieten sie ständig in Gefahr, vom nächstgrößeren Territorialherrn »übernommen« zu werden. Und der Kaiser war weit. Das tat dem eigenen Selbstbild jedoch keinen Abbruch, verstand man sich doch gemeinsam mit dem Kaiser als Verkörperung des Reiches schlechthin: Reich, Kaiser, Ritterschaft – so sah die ideelle Gemeinschaft aus. Während der eigennützige hohe Adel, so der zeitgenössische Vorwurf, nur nach seinem eigenen Vorteil strebe und oft genug auch der Kaiser nur an eigene dynastische Interessen denke, nahmen die Reichsritter für sich in Anspruch, das allgemeine Wohl des Reiches im Blick zu haben. Sie fühlten sich – durchaus in Konkurrenz zu den Kurfürsten – als »Säulen des Reiches«.

Soweit das Ideal – die Realität sah anders aus. Da die Reichsritter mit der Ausbildung immer stärkerer Landesherrschaften weder machtpolitisch noch ökonomisch mithalten konnten, mussten sie neue prestigeträchtige Wirkungsfelder erschließen, wenn sie nicht in völliger Bedeutungslosigkeit versinken wollten. Einheirat in ein regierendes Fürstenhaus oder in die ersten Reihen des Hochadels blieb angesichts geltender Standesschranken ein aussichtsloses Unterfangen. Der diplomatische Dienst an Kaiser- und Fürstenhöfen sowie der Aufstieg über Ämter und Pfründen innerhalb der Reichskirche boten dagegen Alternativen. Vor allem die Kirche wurde zur »Spielwiese« der Reichsritterschaft.

KARRIEREMÖGLICHKEITEN IN DER REICHSKIRCHE

Die Kirche – zu der neben den Bistümern auch die vielen Klöster und Reichsabteien zählten – bot ein fast unerschöpfliches Reservoir an Ämtern und Posten, die einem gut ausgebildeten

Die Bedeutung der Reichsbistümer in der Frühen Neuzeit

Im Heiligen Römischen Reich gab es im 17. Jahrhundert insgesamt 24 katholische Bistümer (ein Jahrhundert später 26). An ihrer Spitze stand je ein Bischof, der neben seinen geistlichen Aufgaben auch weltliche Macht ausübte. Die vom Kaiser übertragenen Lehen und Herrschaftsrechte machten ihn zu einem Landesherrn gleich den weltlichen Territorialherren. Da die Bischöfe wie Fürsten regierten, genossen sie auch fürstengleichen Rang. Im Reichstag saßen sie auf der geistlichen Bank des Reichsfürstenrats und rangierten im Zeremoniell sogar noch vor ihren weltlichen Fürstenkollegen.

Eine besonders herausgehobene Stellung innerhalb dieser illustren Bischofsrunde kam den Erzbischöfen von Mainz, Köln und Trier zu, denn sie waren gleichzeitig Kurfürsten und zählten damit zum Kreis der Königs- und Kaiserwähler. Neben der Wahl stand den Erzbischöfen von Mainz und Köln das Vorrecht zu, das neue Reichsoberhaupt auch zu krönen. Traditionell besaß der Mainzer Erzbischof seit dem Mittelalter weitere ehrenvolle Aufgaben, die das Reich betrafen: So versah er das wichtige Amt des Reichserzkanzlers. Damit war er »Chef« der obersten Reichsbehörde – der Reichshofkanzlei – und ernannte deren Personal mit dem Reichsvizekanzler. Alle Urkunden und kaiserlichen Schreiben mussten von der Reichshofkanzlei gegengezeichnet werden. Auf der Ebene des Reiches leitete der Mainzer Kurfürst und Erzbischof zudem das Reichstagsdirektorium, das die Reichstage vorbereitete und organisierte. Da der in Regensburg tagende »Immerwährende Reichstag« seit 1633 zu einer dauerhaften Einrichtung mutierte und nicht mehr auseinandertrat, kam dem Mainzer die permanente Leitung dieser Versammlung zu, was sein Prestige im Reich stärkte.

Einfluss auf die Reichspolitik konnten die Bischöfe aber auch auf der unteren Ebene der Reichskreise ent-

Seit dem Mittelalter nahmen die Mainzer Erzbischöfe als Leiter der Hofkanzlei und als kurfürstliche Königswähler eine herausragende politische Rolle ein. Diese spiegelt sich in der monumentalen Architektur des Domes wider, zu dem im späten 10. Jh. Erzbischof Willigis den Grundstein legte.

falten, die im ausgehenden Mittelalter geschaffen worden waren, um die Verwaltung zu verbessern: Auf den Kreistagen traten die geistlichen und weltlichen Reichsstände einer Region in unregelmäßigen Abständen zusammen, um über die Aufrechterhaltung von Frieden und Ordnung im Land zu beraten. Die Bischöfe von Mainz, Bamberg, Worms und Konstanz besaßen dabei allein oder mit anderen Teilnehmern zusammen das Recht, die Kreise ihrer Region einzuberufen und die Tagesordnung zu bestimmen. Da viele praktische Fragen der Seuchen-, Armuts- und Verbrechensbekämpfung, der Steuererhebung, der Truppenaushebung, der Zoll-, Münz- und Handelspolitik oder des überregionalen Straßenbaus auf den Kreistagen erörtert und geregelt wurden, nahmen die Fürstbischöfe hier über den Aktionsradius ihres eigenen Bistums hinaus aktiv an der Verwaltung des Reiches teil.

jungen Mann ein gedeihliches Auskommen sicherten. Allein auf Bistumsebene standen genügend Möglichkeiten für den persönlichen Aufstieg zur Verfügung. Besonders begehrt unter adligen Familien waren die Sitze im Domkapitel, denn selbst der mächtigste Fürstbischof gebot nicht allein und unumschränkt über sein Bistum. Bei der Verwaltung seiner Diözese war er zwingend auf die Zustimmung seines Domkapitels in allen wichtigen Angelegenheiten angewiesen. Die Domkapitel wachten dabei eifersüchtig über ihre eigenen Vorrechte; sie urkundeten selbständig, verfügten über ein eigenes Vermögen und besetzten aus ihrem Kreis wichtige und hoch dotierte Ämter wie das des Dompropstes, Domdekans oder des Domkantors und -scholasters. Die vornehmste Aufgabe des Domkapitels bestand aber in der Wahl eines neuen Bischofs, der häufig aus dem eigenen Kreis gekürt wurde. Ein Sitz im Domkapitel eröffnete dadurch immer auch die angenehme Aussicht auf Höheres.

Dennoch musste man sich in Geduld üben, wenn man in eines dieser erlauchten Gremien einziehen wollte, denn die

Anzahl der Domkapitelsitze war begrenzt und nicht beliebig erweiterbar. Daher erwarben Eltern bereits früh für ihre neun- bis 12-jährigen Söhne Anwartschaften, Präbenden, die schon mit ersten Einkünften verbunden waren. Dies geschah häufig sogar an mehreren Domstiften, um die Chancen auf einen freiwerdenden Sitz für die Zukunft zu erhöhen und gleichzeitig das dringend benötigte Kapital für die teure Ausbildung zusammenzubekommen. Bei der »Aufschwörung« wurde der junge Aspirant, begleitet von seinen Fürsprechern, in einer offiziellen Zeremonie in das Kapitel aufgenommen; Zeugen bürgten für ihn, ein Notar protokollierte den Vorgang. So gab es in den Kapiteln stets mehr »aufgeschworene« Mitglieder als vollberechtigte Stiftsherren. Viele Kapitel verlangten vor der Aufnahme eine Reihe von Nachweisen: über die adlige und eheliche Abkunft, über Taufe und Taufpaten, über Schul- und Universitätsbildung, über die Entrichtung vorher fälliger Zugangsgebühren. Entschied sich der Kandidat im Laufe seiner Ausbildung zu bleiben, unterlag er als Domizellar der Residenzpflicht, was seine Anwesenheit vor Ort zumindest für eine bestimmte Zeit erforderte. Er unterstand dabei der Aufsicht des Domscholasters, kam in den Genuss von Präsenzgeldern, doch galt er immer noch nicht als vollstimmberechtigt. Erst wenn eine Domherrnstelle frei geworden war, konnte er als Vollmitglied in das Gremium einziehen, sofern die übrigen Domherren dem zustimmten und der Papst nicht sein eigenes Nominationsrecht beanspruchte. Schneller ging es, wenn ein Domkapitular auf seinen Sitz zugunsten eines Nachfolgers verzichtete. Über diesen Weg ließen sich Verwandte und Schützlinge am besten protegieren. Die übrigen Domherren konnte man derweil mit Absprachen, gelegentlich auch finanziellen Zuwendungen, vom Neuzugang »überzeugen«.

Die Reichsritterschaft dominierte in sehr vielen Domkapiteln, insbesondere im fränkisch-schwäbischen und im rheinischen Raum. Als Hochburgen können die Bistümer Bamberg, Würzburg, Eichstätt, Worms, Speyer, Mainz oder Konstanz gelten. Bei Bischofswahlen setzten sich dort entsprechend viele Kandidaten aus der Reichsritterschaft durch. Allerdings kam es für die Familien dabei darauf an, langfristig und in möglichst vielen Kapiteln präsent zu sein, um eines Tages den gewünschten Erfolg zu erzielen.

GEWIEFTE PFRÜNDENJÄGER: KONKURRENTEN UND PARTNER DER SCHÖNBORNS

Wie quantitative Auswertungen ergaben, dominierte im 17. und 18. Jahrhundert ein kleiner Kreis von etwa 50 reichsritterschaftlichen Familien die Besetzung der Domkapitel. Nahezu sechs von zehn an die Reichsritterschaft fallenden Präbenden entfielen auf diese kleine Elite mit ihren knapp 700 Familienangehörigen. Aus Franken waren es u. a. die Dernbach, Erthal, Fechenbach, Fuchs von Dornheim, Guttenberg, Hatzfeld und die Groß von Trockau, aus dem Rheinischen Ritterkreis die Cratz von Scharfenstein, die Dalberg, Eltz oder Greiffenclau, aus Schwaben die Riedheim, Freyberg, Schenk von Castell, Sickingen, Stadion oder Schenk von Stauffenberg, um nur einige derer zu nennen, die sich besonders erfolgreich hervortaten. Die Schönborns spielten hier mit 33 Präbenden, 23 Kapitelsitzen und 12 gewonnenen Bischofswahlen in der obersten Liga mit. Dabei kam es nicht nur darauf an, stets genügend Söhne für die geistliche Laufbahn zur Verfügung zu haben, was Glück und Zufall voraussetzte, sondern sich auch mit den anderen einflussreichen Familien so zu vernetzen, dass zum Zeitpunkt einer Bischofswahl genügend Unterstützer in den Domkapiteln saßen. »Networking« war daher angesagt.

Dies fing schon bei der Partnerwahl an, denn nur Ehegatten aus alteingesessenen Stiftsfamilien gewährleisteten wiederum die »Stiftsfähigkeit« des Nachwuchses. Den Frauen des Hauses Schönborn kam im gesamtplanerischen Handeln der Familie daher hohe Bedeutung zu: Ihre Heiraten flochten ein dichtes und weitläufiges Netz an Verwandtschaftsbeziehungen. Je höher die Anzahl an Verwandten in den Domstiften, desto größer waren die Chancen auf die Besetzung hochrangiger Posten im Bistum. Einmal oben angekommen, ließen sich wiederum Neffen – ungeachtet dessen, ob sie aus männlicher oder weiblicher Linie stammten – fördern und an strategisch günstigen Positionen platzieren. So kam eine rege Vetternwirtschaft in Gang, aber ohne tragfähige Familienbande wären Kandidaten aus dem niederen Adel nicht zu solch einflussreichen Würden wie jenen des Fürstbischofs, Kurfürsten oder des Reichserzkanzlers gekommen. Nur der Zusammenhalt der Standesgenossen insgesamt garantierte den Erfolg – man war Konkurrent und Partner in einem. Der Erfolg gab ihnen recht: Zwischen 1601 und dem Ende des Alten Reiches 1803 besetzten die 50 erfolgreichsten Reichsritterfamilien über 60 Prozent der höheren Pfründenstellen an den Domkapiteln. In Bamberg, Mainz, Würzburg und Worms gingen 44 Kirchenfürsten aus ihrem Kreis hervor.

Die Schönborns zeigten sich besonders gut eingebettet und vernetzt in diese Clanstrukturen. Sie waren geschickt darin, Heiratsallianzen einzugehen, Absprachen zu pflegen und Verwandte zu protegieren. Dieses Vorgehen trug reiche Früchte.

2. Fulminanter Auftakt in schwieriger Zeit: Johann Philipp von Schönborn (1605–1673)

AUSBILDUNG UND AUFSTIEG

Nach dem frühen Tod des Vaters kümmerten sich die nächsten Verwandten um Johann Philipp von Schönborn und seinen jüngeren Bruder Philipp Erwein. Eine Kirchenkarriere erschien angesichts der familiären Beziehungen als aussichtsreichste Option. So schickte die Mutter Maria Barbara ihre Söhne ins Jesuitengymnasium von Mainz, um ihnen eine solide Ausbildung zukommen zu lassen. Da ihr Bruder Amtmann in Kurmainzer Diensten war, auch ihr Schwager als Kurmainzer Hofjunker amtierte und nicht zuletzt der letzte Vertreter der Hahnstätter Schönborn-Linie Friedrich Georg als Domkapitular in Mainz lebte, fiel der Umzug in die Rheinmetropole nicht allzu schwer. Schon 1621 beziehungsweise 1625 wurde der Ältere Domizellar in den Domstiften von Würzburg und Mainz und erhielt Pfründen an den Ritterstiften in Kromburg und St. Alban in Mainz. Doch zunächst standen lange Jahre der Bildung bevor, die die beiden Brüder gemeinsam absolvierten. Nach Abschluss des Jesuitengymnasiums studierten sie Philosophie, Jurisprudenz und Theologie in Würzburg, Orléans und Siena und unternahmen Bildungsreisen durch Frankreich und Italien bis nach Rom. Die Familienkasse wurde dadurch enorm belastet – mehrmals mussten Liegenschaften und Güter beliehen werden. Doch der Aufwand lohnte: Als die Brüder 1629 zurückkehrten, waren sie umfassend gebildet, hatten weitläufige Kontakte geknüpft und beherrschten die lateinische, italienische und französische Sprache fließend.

Inzwischen hatte sich die innerfamiliäre Arbeitsteilung bereits geklärt. Der ältere Johann Philipp sollte die Kirchenlaufbahn weiterverfolgen, der jüngere Philipp Erwein die Familiengüter übernehmen und in den Ehestand treten. Am 25. September 1629 erfolgte die Aufnahme Johann Philipps in das 24-köpfige Domkapitel von Würzburg, das ihm eine hoch dotierte Pfründe einbrachte – ein großer Erfolg für den Freienfelser Schönbornspross aus »armen Westerwälder Geschlecht«, wie der Gekürte selbst immer wieder über seine Herkunft kokettierte!

Für die Geschwister ging es auf anderer Ebene voran: Philipp Erwein heiratete 1635 mit Maria Ursula von Greiffenclau zu Vollraths eine Nichte des verstorbenen Mainzer Erzbischofs, wodurch die Schönborns in die Reihen der bischofsfähigen Familien aufstiegen; die Schwester Agatha Maria ging eine ähnlich vorteilhafte Ehe mit Georg Anton Waldbott von Bassenheim ein, der Verbindungen in die Domstifte von Mainz, Speyer, Trier und Worms besaß. So brachten sich die Schönborns planvoll in Stellung für höhere Aufgaben.

Doch die Zeitläufte waren alles andere als gut: Seit 1618 tobte der Dreißigjährige Krieg auf dem Boden des Reiches. Unversöhnlich und bis auf die Zähne bewaffnet standen sich das katholische Lager, das sich um das mächtige Habsburgische Kaiserhaus und den bayerischen Kurfürsten scharte, und das protestantische, angeführt von Kurfürst Friedrich V. von der Pfalz, gegenüber. Und immer stärker weitete sich das unter konfessionellen Vorzeichen im Reich begonnene Ringen zu einem internationalen Kräftemessen um die Hegemonie in Europa aus, in das nach und nach auswärtige Staaten wie Frankreich, Dänemark und Schweden eingriffen. 1630 landete zur Unterstützung der protestantischen Sache König Gustav II. Adolf von Schweden mit seinen Truppen auf Reichsboden. Von der Ostsee kommend, rückte er nach Süden vor, schlug mehrmals das kaiserliche Heer vernichtend und hatte bis Weihnachten 1631 den ganzen Landstreifen von Würzburg bis Mainz unter seiner Kontrolle. Entsetzt flohen die Bischöfe von Würzburg, Mainz und Worms nach Köln, während Gustav Adolf im Oktober in Würzburg einzog und aus den Bistümern Mainz und Würzburg das Herzogtum Franken formte, das er seinem Gefolgsmann Bernhard von Weimar übertrug.

Unter den Flüchtlingen, die die Mainstadt Hals über Kopf verließen, befand sich auch der junge Kanonikus von Schön-

Versöhnliche Stimmen waren in der Zeit des Dreißigjährigen Krieges rar. Johann Philipp von Schönborn nahm im katholischen Lager eine gemäßigte Haltung ein und warb für einen Frieden mit den Protestanten. – Gemälde von Frans van Stampart, 1713.

born. Die Jahre im Kölner Exil und der drohende dauerhafte Verlust der geistlichen Fürstentümer prägten Johann Philipp zutiefst. Dennoch war es auch eine bereichernde Zeit, denn er erwarb sich das Vertrauen des Fürstbischofs von Würzburg und Bamberg, Franz von Hatzfeld, und begleitete diesen mehrmals auf diplomatischen Initiativen. So reiste er im Frühjahr 1632 mit einer Delegation nach Metz, um mit der französischen Regierung, die die schwedischen Truppen mit Geld unterstützte, über eine Rückerstattung der geistlichen Territorien in Franken und am Rhein zu verhandeln. Die Gespräche verliefen erfolglos, verlangten aber dennoch ein Höchstmaß an diplomatischer Finesse, da der Kaiser darüber nicht informiert war. Es war der Versuch der geistlichen Reichsstände, zur Wahrung ihrer Existenz eigene politische

Wege zu gehen – ohne die Interessen Habsburgs zu berücksichtigen!

Johann Philipp scheint sich in der delikaten Angelegenheit recht gut bewährt zu haben, denn als sich die Situation nach dem Schlachtentod Gustav Adolfs (1632) und dem Abzug der schwedischen Truppen aus Würzburg 1634 entspannte, beauftragte ihn das Domkapitel damit, den zunächst nach Lüttich, dann unter höchsten Gefahren nach Köln ausgelagerten Domschatz einschließlich des Archivs wieder nach Würzburg zurückzuführen, wofür viele Gespräche und Verhandlungen nötig waren. Eine ebenso ehrenvolle wie komplizierte Aufgabe! Sein gestiegenes Ansehen führte Johann Philipp Stufe für Stufe die Karriereleiter hinauf: 1633 zog er unter der schützenden Hand Friedrich Georg von Schönborns ins hoch angesehene Mainzer Domkapitel ein. Seit dem Tod seines Mentors (1640) verfügte er auch über dessen stattliches Erbe, was seine Reputation bei seinen Standesgenossen weiter erhöhte.

So trafen in der Person Johann Philipps Bildung, Talent, Vermögen und ein stabiles Beziehungsnetz aufeinander – beste Voraussetzungen für den weiteren Aufstieg.

DIE GLÜCKLICHE STUNDE: WAHL ZUM BISCHOF VON WÜRZBURG 1642

Völlig überraschend starb Ende Juli 1642 der Würzburger Fürstbischof Franz von Hatzfeld im Alter von nur 46 Jahren. Am 16. August schritt das Domkapitel zur Wahl – und musste offensichtlich nicht lange darüber nachdenken, wen es zum Nachfolger küren würde. Schon vormittags um 10 Uhr ging der allseits geachtete und bewährte Johann Philipp von Schönborn als neuer Fürstbischof von Würzburg aus dem Wahlgang hervor. Zu seinen Anhängern im Kapitel zählten Angehörige der Familien Stadion, Franckenstein, Walderdorff, Heppenheim und Rosenbach. Die Schönborn-Partei hoffte darauf, dass der Gekürte für einen raschen Friedensschluss im Reich eintreten und weitere finanzielle Belastungen durch den Krieg von seinem Bistum fernhalten würde.

Der arg strapazierte Haushalt bedurfte einer dringenden Sanierung. Dass das nicht leicht werden würde, war offensichtlich. Schönborn selbst stand die Herkulesaufgabe deutlich vor Augen: »Glücklich wäre ich«, schrieb er dem päpstlichen Nuntius Fabio Chigi in einem Brief, »wenn ich (...) das Bischofsamt nicht angenommen hätte. Ich könnte jetzt irgendwo in Ruhe und ohne Sorgen leben. So aber liegt die Last einer ganzen Diözese auf mir.«

Doch Schönborn ließ sich nicht lange beirren. Er nahm seine Aufgabe sehr ernst, was auch daran abzulesen ist, dass er sich um alle geistlichen Weihen bemühte, die es ihm ermöglichten, selbst sein seelsorgerisches Amt auszufüllen. Kurz nach seiner Bischofswahl ließ er sich vom Nuntius zum Diakon weihen. Nachdem endlich das päpstliche Bestätigungsschreiben vorlag – was erst 1644 der Fall war –, empfing er auch die Priester- und Bischofsweihe. Dadurch entsprach Schönborn den Erwartungen der nach den Beschlüssen des Trienter Konzils erneuerten Kirche: dass der Bischof selbst Weihen und Firmungen vornahm, Bistumssynoden abhielt, Visitationen durchführte und durch die Förderung von Priesterausbildung und Schulen das religiöse Leben in seinem Bistum hob. Schönborn erfüllte auch in dieser Hinsicht die in ihn gesetzten Erwartungen. Doch ohne Frieden war alles nichts. Erst mussten wieder geordnete Verhältnisse im Bistum einkehren, bevor an eine Reorganisation des kirchlichen Lebens überhaupt zu denken war.

DER »DEUTSCHE SALOMON«: JOHANN PHILIPPS INITIATIVEN FÜR EINEN FRIEDENSSCHLUSS

Energisch ging der neue Fürstbischof daran, die Verhältnisse in seinem kleinen Reich zu stabilisieren. Vordringlich war vor allem der Abzug der auf Bistumsgebiet stehenden Truppen. Johann Philipp begann noch 1642/43, Verhandlungen mit allen Seiten aufzunehmen – Franzosen, Schweden, Kaiserlichen –, um die Kriegslasten zu reduzieren und sich Schutz vor neuen Überfällen zu erkaufen. Auf den Kreistagen von Nürnberg und Bamberg warb er um eine Allianz der

Das Bistum Würzburg im Dreißigjährigen Krieg

Stadt und Bistum Würzburg hatten durch den Krieg schwer gelitten. Von 1631 bis 1634 war das Gebiet von schwedischen Truppen besetzt und an Herzog Bernhard von Weimar zur Verwaltung übergeben worden. Die Besatzungsmacht hielt sich an der hiesigen Bevölkerung schadlos, forderte neben Verpflegung und Einquartierung ihrer Truppen hohe Kontributionen und bediente sich ungeniert an den verbliebenen Schätzen der alten Stadt. So manches gute Stück aus Hof-, Universitäts- und der Jesuitenbibliothek wanderte in die Truhen schwedischer Offiziere und verschwand auf Nimmerwiedersehen. Doch selbst nach dem Abzug der schwedischen Truppen hatte das Elend kein Ende, denn die durch Franken marschierenden kaiserlichen und bayerischen Truppen benahmen sich nicht besser und plünderten das Land. Oft ließen sich nur durch hohe Zahlungen Zwangseinquartierungen und Truppendurchzüge vermeiden.

Am Ende des Krieges lag das einst wohlhabende Franken schwer gebeutelt darnieder. Die Einwohnerzahl Würzburgs war von 10.000 auf etwa 5.000 gesunken. Im benachbarten Bamberg lebten von den ursprünglichen 12.000 Einwohnern noch etwa 6.900. Den Truppen waren Hunger und Pest gefolgt. Viele Dörfer fielen wüst. In den Städten verkamen ganze Viertel, die Schulen blieben geschlossen oder hatten kaum mehr Schüler. Marodierende Soldaten verbreiteten im Land noch lange Angst und Schrecken und traumatisierten die verbliebenen Bewohner.

Völlig desolat nahm sich die Finanzlage aus. Das Bistum Würzburg war so verarmt, dass es Schwierigkeiten hatte, die Begräbnisfeierlichkeiten für den verstorbenen Bischof Hatzfeld zu bezahlen. Teile des von Johann Philipp von Schönborn glücklich zurückgeführten Domschatzes mussten dafür verpfändet und Darlehen von der Stadt Nürnberg aufgenommen werden.

süddeutschen Reichskreise in Verteidigungsfragen und um den Anschluss dieser Truppenkontingente an die kurfürstlich-bayerische Armee, um den süddeutschen Raum am effektivsten zu schützen. Beim französischen Minister Kardinal Mazarin sondierte er gar die Möglichkeiten, einen Sonderfrieden für Würzburg zu schließen. Seine Untertanen seien schließlich »am Krieg völlig unschuldig und gänzlich uninteressiert«, betonte er.

Allerdings stieß der neue Fürstbischof dabei auf den hartnäckigen Widerstand Kaiser Ferdinands III., der immer noch hoffte, einen militärischen Befreiungsschlag für die vertrackte Kriegslage erzwingen zu können. Außerdem ging es ihm um die Hegemonie seines spanisch-österreichischen Weltreiches gegenüber der erstarkenden Macht Frankreichs. Das Eigeninteresse des Hauses Habsburg drohte den keimenden Friedenswillen im Reich zu überlagern. So reifte in Schönborn die Erkenntnis, dass die Reichsstände notfalls auch gegen den Willen des Kaisers den Friedensschluss erzwingen müssten. Lautstark forderte sein Vertreter auf dem Frankfurter Reichsdeputationstag 1643 Sitz und Stimme für die deutschen Reichsstände bei den anstehenden Friedensverhandlungen in Münster und Osnabrück. Die Stände wollten bei den seit Dezember 1641 anvisierten Friedensgesprächen mitreden und die Entscheidung über Krieg und Frieden nicht allein dem Habsburgerkaiser und den Kurfürsten überlassen. Dass in dieser Frage katholische und protestantische Reichsstände gemeinsame Sache machten, war im Grunde ein regelrechter Affront gegen das Reichsoberhaupt, zumal die Stände drohten, auch ohne seine Genehmigung nach Münster und Osnabrück zu kommen. Doch weil Frankreich und Schweden die Forderung unterstützten, musste der Kaiser schließlich nachgeben und seine Verhandlungsallmacht einschränken lassen.

Die eigenständige Haltung Schönborns brachte ihm nicht nur beim Kaiser, sondern auch beim päpstlichen Nuntius Fabio Chigi, nachmals Papst Alexander VII., keine Sympathie ein – erst recht nicht, als er bei den 1645 begonnenen Friedensverhandlungen eine den Protestanten gegenüber moderate Haltung einnahm. Der Fürstbischof, in dessen Familie vor noch nicht allzu langer Zeit selbst Protestanten vertreten gewesen waren, zeigte sich geneigt, kirchenpolitische Zugeständnisse zu machen. In der extremkatholischen Partei, die sich um den Nuntius scharte, war dieser Gedanke verpönt. Johann Philipp von Schönborn machte sich dennoch zum Sprachrohr der Gemäßigten, was ihm den Ruf eines »deutschen Salomo«, »Friedensfürsten« und »Vater des Vaterlandes« einbrachte. Doch noch hatte er nicht die Position, um an entscheidender Stelle in die Verhandlungen eingreifen zu können. Erst der Tod des Mainzer Kurfürsten Anselm Casimir Wambold von Umstadt am 9. Oktober 1647 in Frankfurt ebnete ihm den Weg an die Spitze des Reiches.

MACHT UND EHRE: DIE WAHL ZUM ERZBISCHOF VON MAINZ 1647

Die Vorsehung, so scheint es, meinte es gut mit Johann Philipp von Schönborn, beförderte sie ihn doch zu einem Zeitpunkt in eine Führungsrolle, als das Reich einen entschiedenen Fürsprecher gebrauchen konnte. Er selbst glaubte in seiner Wahl eine »sonderbare Disposition des Allerhöchsten« erkennen zu können, um »bei diesen zerrütteten Zeiten« den »so höchstnötigen Frieden« herzustellen. Mit höchster Energie widmete er sich jedenfalls seiner großen Mission: dem geschundenen Reich den Frieden zu bringen.

Mainz und sein linksrheinisches Territorium waren seit 1644 französisch besetzt; im Erfurter und Eichsfelder Gebiet standen die Schweden. Johann Philipps Vorgänger auf dem Mainzer Erzstuhl hatte nach Frankfurt ausweichen und einen Neutralitätsvertrag mit Frankreich abschließen müssen, um wenigstens seine rechtsrheinischen Gebiete zu schützen. Die Wahl eines neuen Erzbischofs war folglich ein hochbedeutsamer Vorgang, den man auch in Paris und Wien mit wachsamen Augen verfolgte. Rasch kam Johann Philipp von Schönborn als Vertreter der Friedenspartei ins Gespräch für eine Kandidatur. Zu seinen Gunsten sprachen eine Reihe von Punkten:

Die Franzosen konnten mit ihm leben, weil er schon mehrmals in der Vergangenheit seinen Willen zur Zusammenarbeit mit ihnen bekundet hatte; die Domkapitulare befürworteten seine ausgewogene Haltung, da sie ihr Bistum vor weiterem Schaden bewahren wollten; und der Kaiserhof hatte inzwischen eingesehen, dass ein Friedensschluss ohne Kompromisse nicht zu haben war. Im Domkapitel selbst konnte Schönborn auf eine starke Fraktion von Anhängern zurückgreifen: Fünf der 24 Kapitulare besaßen auch in Würzburg einen Kapitelsitz und unterstützten »ihren« Bischof. Und unter den übrigen Mitgliedern befanden sich weitere Freunde, Anhänger und Verwandte der Schönborns, wie Johann Schweikard Waldbott von Bassenheim, der Schwager von Johann Philipps Schwester Agatha Maria von Schönborn.

So gelang eine problemlose Wahl: Am 19. November 1647 wurde der Fürstbischof von Würzburg zusätzlich zum Erzbischof von Mainz und damit gleichzeitig zum Kurfürsten und Erzkanzler erhoben. Schon einen Tag nach seiner Wahl machte er deutlich, dass er die Friedensverhandlungen mit neuem Elan zu beleben gedenke. Dank seiner Initiativen konnte bereits im Februar 1648 die endgültige Formulierung des Religionsvertrages erfolgen, der Angehörige des reformierten Bekenntnisses miteinschloss und damit den Calvinismus faktisch als dritte Reichskonfession anerkannte. Die Katholiken mussten für den Frieden einige Kröten schlucken, denn für die Besitz- und Konfessionsverhältnisse im Reich wurde das für die Protestanten günstige Jahr 1624 als Stichjahr festgelegt. Alle von den evangelischen Reichsständen bis dahin eingezogenen Besitzstände – nicht reichsunmittelbaren Klöster und geistliche Institutionen – blieben in deren Besitz. Auch die Säkularisation von Hochstiften, sofern im 16. Jahrhundert geschehen, wurde nicht mehr rückgängig gemacht. Das Recht der Landesherren, die Religion ihrer Untertanen zu bestimmen, erfuhr Einschränkungen. Um die Landesbewohner vor weiteren rigiden Konfessionswechseln zu schützen, bestimmte der Stichtag 1. Januar 1624 die Konfessionszugehörigkeit. In den Städten und Territorialstaaten lebten fortan

Angehörige unterschiedlicher Bekenntnisse, wenn auch die konfessionellen Minderheiten ihren Glauben jeweils nur privat ausleben durften. Dafür war andererseits der Bestand der geistlichen katholischen Fürstentümer, so wie er sich inzwischen darstellte, für die Zukunft gesichert – ein Ausgleich, mit dem die Fürstbischöfe leben konnten.

Im Oktober 1648 wurden die Friedensverträge von Münster und Osnabrück endgültig unterzeichnet. Glücklich atmeten die Menschen auf, alle Kirchenglocken läuteten: Nach Jahrzehnten schlimmer Kämpfe und Verwüstungen herrschte wieder hoffnungsvolle Ruhe im Reich. Der Weg zum Frieden war gewonnen und Johann Philipp von Schönborn hatte seinen Anteil daran.

SCHWIERIGE NACHKRIEGSZEIT: REORGANISATION DER BISTÜMER UND BAUPOLITIK

Bei der Durchführung der Westfälischen Friedensbestimmungen zeigte sich Schönborn wohlwollend, so im Falle Kitzingens. Die Stadt am Main war seit 1443 vom Hochstift Würzburg an den Markgrafen von Ansbach verpfändet und wie die Markgrafschaft selbst inzwischen protestantisch geworden. 1629 war sie von Fürstbischof Philipp Adolf von Ehrenberg für Würzburg zurückgekauft worden, worauf es im Anschluss zu harten Rekatholisierungsmaßnahmen gekommen war. Mehr als 1.000 Kitzinger Bürger hatten die Stadt verlassen müssen. Johann Philipp von Schönborn reagierte hingegen anders: Er erließ 1650 einen »Gnadenvertrag«, der den Protestanten volle Glaubensfreiheit gewährte und die Zweikonfessionalität der Stadt für immer festschrieb. Damit ersparte er dem Bistum und dem Reich weitere Unruhen.

Vorsichtig lavierte der Mainzer Kurfürst und Erzkanzler in den folgenden Jahrzehnten zwischen den empfindlichen Großdynastien Bourbon und Habsburg, die in scharfer Rivalität um die Thronfolge in Spanien zueinander standen. Ein Wiederaufflammen des Krieges auf Reichsboden schien nicht völlig ausgeschlossen, wenn der Kaiser den spanischen Thron für sein Haus zu sichern gedachte. Johann Philipp organisierte den Zusammenschluss mehrerer kleinerer Reichsfürstentümer zu einem überkonfessionellen Verteidigungsbündnis, dem Rheinbund, unter dem Protektorat Frankreichs, um das Reich gegen mögliche Kriegsgänge zu wappnen. Lange zögerte er nach dem Tod Kaiser Ferdinands III. die Wahl seines Sohnes Leopold I. hinaus, um ihm in den Wahlkapitulationen zuvor das Zugeständnis abzuringen, nicht in den Französisch-Spanischen Krieg einzugreifen. Leopold wurde am 1. August 1658 zum römischen Kaiser gekrönt, zwei Wochen später schloss sich der Rheinbund zusammen.

Doch auf Frankreich als Garantiemacht des Westfälischen Friedens konnte sich der Mainzer Kurfürst nicht verlassen. Immer offensiver wurde die Politik des »Sonnenkönigs« Ludwig XIV. gegenüber dem Reich. Daher wechselte Johann Philipp ab 1661 wieder ins kaiserliche Lager. Letztendlich musste er erkennen, dass die absolutistisch regierten Fürstenstaaten machtpolitisch viel mehr Gewicht besaßen als die kleineren weltlichen und geistlichen Reichsstände, und dass seine Handlungsspielräume als Mainzer Kurfürst daher sehr begrenzt waren.

Je stärker er von seinen reichspolitischen Ambitionen Abstand nehmen musste, desto mehr widmete sich Johann Philipp dem inneren (Wieder-)Aufbau seiner Bistümer. Entschlossen bemühte er sich um die Hebung von Wirtschaft und Handel, förderte den Betrieb landesherrlicher Salinen, Glashütten und Bergwerke sowie die Wiederbesiedelung verödeter Gebiete. Er überschüttete seine Untertanen mit einer Flut von Verordnungen und Gesetzen, die darauf abzielten, die öffentliche Sicherheit, Justiz und Verwaltung zu stärken. Streng ging er gegen Holzdiebstahl, Wilderei und widerrechtliches Fischen, Obstbaum- und Feldfrevel vor; energisch verbot er die grassierende Bettelei, übermäßiges Trinken, Feiern und gotteslästerliches Fluchen, um die öffentliche Moral zu heben. Nach der Anarchie der Kriegszeit erschien dem Fürstbischof die Rückkehr zu geordneten Lebensverhältnissen als notwendige Voraussetzung, das allgemeine Elend zu bekämpfen.

Glücksspiel, Hurerei und Trunksucht brachten die Menschen in seinen Augen nicht aus Armut und Not. Für Kranke und Waisen richtete Schönborn dagegen Spitäler und Waisenhäuser ein und bemühte sich, durch Bildung und Erziehung Wege aus der allgemeinen Krise zu eröffnen. Er gründete Schulen und bedeutende Bibliotheken wie die Martinus-Bibliothek in Mainz für das dortige Priesterseminar.

Nach den Verheerungen des Krieges war es ihm wichtig, nicht zuletzt das religiöse Leben zu heben: Mit vielen neuen Kirchenordnungen setzte der Fürstbischof die Beschlüsse des Konzils von Trient um und sorgte für eine Reform der Liturgie. So führte er im Mainzer Dom das Chorgebet und den Gregorianischen Chorgesang ein, glich den Messritus dem römischen Vorbild an und kümmerte sich um eine deutsche Bibelübersetzung, die Mainzer Bibel, die noch lange nach seinem Tod weite Verbreitung fand. Er selbst komponierte Kirchenlieder und fasste die Psalmen und Evangelientexte in kunstvolle Reime. Die gefürchteten Hexenprozesse dagegen verbot er in seinen Bistümern.

An seinem Hof bewegten sich zahlreiche Hofminister, die früher dem Protestantismus angehangen hatten: so der kurmainzische Oberhofmarschall Johann Christian von Boineburg, dessen Tochter später in die Schönbornfamilie einheiratete, der Historiker Heinrich Julius Blume oder Peter von Walenburch, ein Bruder des ebenfalls konvertierten Kölner Weihbischofs Hadrian. Sie schmiedeten gar Pläne für eine Reunion der beiden Konfessionen. In diesem Umfeld entstand das sogenannte »Mainzer Unionsprogramm«, das 17 weitreichende Zugeständnisse an die Protestanten, darunter die Einführung des Laienkelchs und der deutschen Messsprache in der katholischen Kirche, forderte. Gemeinsam mit protestantischen Gelehrten wie dem jungen Gottfried Wilhelm Leibniz, der von 1667 bis 1672 am Mainzer Hof lebte, wurden diese Überlegungen vertieft erörtert. Eine Union der protestantischen und katholischen Kirche kam dennoch nicht zustande – zu tief waren die Gräben bereits auf beiden Seiten.

Der aus dem Südalpenraum stammende Baumeister Antonio Petrini brachte einen Hauch von Italien nach Franken. Die von ihm errichtete Stiftskirche Haug in Würzburg trägt unverkennbar Züge des römischen Barock.

Den Schönbornschen »Bauwurmb« konnte Johann Philipp angesichts der desaströsen Finanzlage noch nicht so recht hervorlocken. Vorrangig nötig erschien ihm der Ausbau der Befestigungsanlagen in Mainz, Erfurt und Würzburg. In Mainz baute er die vorhandenen Wehranlagen zu einem geschlossenen Festungsring mit 16 neuen Bastionen nach französischem Vorbild aus. Die Erdbewegungen, die dafür nötig waren, nahmen sich ebenso exorbitant aus wie die in die Höhe schnellenden Kosten, zu deren Deckung Schönborn mehrere kurmainzische Ortschaften an das Hochstift Würzburg verkaufte und Strafgefangene als billige Arbeitskräfte einsetzte. Auch Würzburg erhielt einen steinernen Umfassungsring, der den modernsten Erkenntnissen des Festungsbaus entsprach. Auf zwölf Kilometern Länge wuchsen neue Mauern empor. Das kurmainzische Erfurt sicherte der Erzbischof mit der Zitadelle Petersberg und der Verstärkung der Cyriaksburg ab.

Doch Johann Philipp wäre kein Schönborn gewesen, hätte er nicht immer auch ein Auge für die Ästhetik gehabt. So holte er den jungen, begabten aus Trient oder dem Tessin stammenden Barockbaumeister Antonio Petrini über die Alpen und übertrug ihm nicht nur wichtige Aufträge im Festungsbau (u. a. Toranlage der Mainzer Zitadelle), sondern auch erste großzügige Profanbauten wie den Fürstenflügel des Juliusspitals in Würzburg. Für die Mainstadt nahm Petrini auch den Neubau der Stiftskirche Haug in Angriff, deren Vorgängerbau dem Festungsring geopfert werden musste. Petrini, der den Frühbarock in Rom kennengelernt hatte, schuf mit dieser Johanniskirche ab 1670 den ersten barocken Großbau in Franken – mit einer imposanten Doppelturmfassade und einer mächtigen Kuppel über der Vierung nach römischem Vorbild. 1691 konnte der Bau konsekriert werden. Eine Schar italienischer Handwerker und Künstler folgte dem Architekten zwischen 1670 und 1710 nach Franken und brachte nach

Als repräsentative Stadtresidenz in Mainz errichtete Philipp Erwein von Schönborn den sogenannten Schönborner Hof. Er gilt als erster barocker Adelspalast der Stadt und bestach durch seine kunstvollen Gartenanlagen nach französischem Vorbild.

dem Dreißigjährigen Krieg barockes Flair in die verwüstete Region.

Das gestiegene Selbstbewusstsein der Familie Schönborn schlug sich aber (noch) nicht in öffentlichen, sondern vielmehr in privaten Großbauten nieder: Johann Philipps Bruder Philipp Erwein, der dank fürstbischöflicher Protektion höchste Ämter und Würden in den Hochstiften Mainz und Würzburg bekleidete, errichtete in den Jahren 1668 bis 1670 als repräsentative Mainzer Stadtresidenz am nordwestlichen Ende des Tiermarktes den Schönborner Hof (heute Schillerstraße), womit die Reihe barocker Adelspalais im Herzen der Stadt eröffnet war. Mit seinen kräftig hervortretenden Volutengiebeln und den Fensterrahmungen »in welscher Manier« erinnerte er zwar an italienische Renaissancepaläste, fand aber in seiner freizügigen Stellung und Fassadengestaltung dennoch zu neuen barocken Stilformen. Auch seine streng geometrisch geordnete Gartenanlage im Stil des Frühbarock setzte Maßstäbe für die Zukunft. Der Gebäudekomplex zeigte nach außen, welche Bedeutung die Familie sich beimaß und wie sehr ihr Repräsentationsbedürfnis gestiegen war. Der Kurfürst begleitete das Werk seines Bruders mit wohlwollendem Interesse und steuerte zwölf Gulden zur Bezahlung der Mauerarbeiten bei.

Für Johann Philipp ging es indes gesundheitlich bergab. Die enorme Arbeitsbelastung, die noch gestiegen war, als er 1663 zusätzlich das Bistum Worms übernommen hatte, und die Sorge um das Reich zehrten seine Kräfte allmählich auf. Geplagt von einer Nierenkrankheit musste der inzwischen 67-Jährige immer öfter an die Regelung seiner Nachfolge denken. Resolut brachte er seine Neffen in Stellung. Nicht alles konnte er noch zu Lebzeiten regeln – doch stand mit Lothar Franz von Schönborn ein begabter Hoffnungsträger für die Familie bereit. Beruhigt durfte Johann Philipp nach einem bewegten Leben am 12. Februar 1673 die Augen auf der Festung Marienberg in Würzburg schließen. Sein Herz brachte man nach Mainz. Alle Leichenredner würdigten ihn als einen großen Friedensbringer seiner Zeit.

Vetternwirtschaft: Die Protektion von Geschwistern und Neffen

Johann Philipp von Schönborn ließ zu keinem Zeitpunkt an seinem Familiensinn zweifeln. Er tat, was er konnte, um seine Angehörigen zu protegieren und nach oben zu befördern. Das fing schon bei seinem Bruder Philipp Erwein an, den er zum Kurmainzer Geheimrat und Reichshofrat, zum kurmainzischen Oberamtmann in Steinheim, zum Erbschenken des Erzstifts Mainz und zum Erbtruchsessen des Hochstifts Würzburg machte. Er übertrug ihm zahlreiche Lehen aus Bistumsbesitz, versorgte ihn mit Krediten und ermöglichte ihm damit, den Familienbesitz beträchtlich zu erweitern. So konnte dieser 1648/50 das durch die Kriegswirren heruntergewirtschaftete Gut Gaibach bei Würzburg mit seinem Schloss als Familiensitz kaufen und 1661 für den enormen Kaufbetrag von knapp 28.000 Gulden die nah an Steinheim gelegene, reichsunmittelbare Herrschaft Heusenstamm erwerben. Die Reichsunmittelbarkeit dieses Besitzes legitimierte die Standeserhöhung des Hauses. Nur zwei Jahre nach dem Erwerb erhob Kaiser Leopold I. Philipp Erwein und seine Nachkommen in den Reichsfreiherrenstand. Im selben Jahr begann der Geehrte in Heusenstamm den Bau von Schloss Schönborn.

Die Neuerwerbungen ließen die Schönborns immer stärker ins fränkische Maingebiet hineinwachsen und entfernte sie von ihren Stammgütern im hinteren Taunus. Politischen Einfluss sicherte Johann Philipp den Seinen 1671 durch die Übertragung der Grafschaft Reichelsberg bei Aub in Unterfranken, die dem Haus Sitz und Stimme im fränkischen Reichskreis und im Reichstag verschaffte, auch wenn das Territorium selbst beim Hochstift Würzburg verblieb. Ihre »arme Westerwälder« Herkunft konnten die Schönborns dadurch bald vergessen; sie verkauften ihre dortigen Güter.

Als Philipp Erwein 1668 starb, hinterließ er seinen Nachkommen ein Vermögen von rund 750.000 rheinischen Gulden, womit das ursprüngliche Familienvermögen fast verzwölffacht war! Mit seiner Frau Ursula von Greiffenclau hatte er 17 Kinder, von denen zwölf überlebten, darunter fünf Söhne. Drei davon schlugen geistliche Karrieren ein: Franz Georg, der Domkapitelsitze in Mainz, Bamberg und Würzburg erhielt, Johann Philipp, der sich dem Johanniter-Orden anschloss, und als jüngster Lothar Franz, dem sein kurfürstlicher Onkel Domherrenstellen in Bamberg und Würzburg zuschanzte. Wiederum spielte die Familie Vabanque: Für die Fortsetzung der Linie im Mannesstamm waren nur zwei Brüder vorgesehen: Melchior Friedrich und Johann Erwein. Dass die familiären Pläne auf Kante genäht waren, zeigt das Beispiel des Letztgenannten: Er blieb trotz zweier Ehen kinderlos.

Alle Hoffnungen auf Reproduktion ruhten daher auf Melchior Friedrich – der seiner Aufgabe allerdings mit der Zeugung von 18 Kindern pflichtbewusst nachkam. Protegiert von Onkel und Bruder bekleidete er zahlreiche hochrangige Ämter und Würden, darunter das eines Würzburger und Kurmainzer Oberhofmarschalls, das eines Erbschenken von Mainz und Erbtruchsessen von Würzburg sowie ab 1672 das eines Vizedomus des Mainzer Oberstifts mit Sitz in Aschaffenburg. Die Ehe seines Sohnes Rudolf Franz Erwein mit der verwitweten Gräfin Dernbach brachte die reichsunmittelbare Grafschaft Wiesentheid an die Familie. Es winkte eine zweite Stimme im fränkischen Reichskreis und eine weitere Standeserhöhung: 1701 wurde Melchior Friedrich mit seinen Brüdern vom Kaiser in den Reichsgrafenstand erhoben.

Die sieben Töchter der Familie heirateten allesamt in ehrbare, rheinische und fränkische Adelssippen ein, die Beziehungen zu kirchlichen Amtsträgern mitbrachten. Auch ihre Nachkommen standen damit für die kirchliche Karriereplanung zur Verfügung.

3. Höhenflug eines Hochbegabten: Lothar Franz von Schönborn (1655–1729)

EIN VIELVERSPRECHENDER NEFFE: LOTHAR FRANZ UND SEINE FAMILIE

Die Kindheit Lothar Franz von Schönborns war alles andere als sorglos. Er wuchs mit einer großen Geschwisterschar in Steinheim am Main nahe Aschaffenburg auf, wo sein Vater Philipp Erwein als kurmainzischer Amtmann seinen Dienst versah. Die Familie lebte in Steinheim direkt am Marktplatz in einem stattlichen Fachwerkhaus, das aber keineswegs mit dem Ansehen und Prestige eines Schlosses oder einer gehobenen städtischen Adelsresidenz mithalten konnte. Doch das Amtsgebäude des Vaters lag nur einen Steinwurf entfernt, sodass die Familie das winzige Landstädtchen zum dauerhaften Aufenthaltsort erkor.

Während des Dreißigjährigen Krieges traf es Steinheim schwer: Mehrfach wurde es von kaiserlichen, schwedischen und französischen Truppen heimgesucht und geplündert, letztmalig verbreitete der französische Marschall Turenne 1646 mit seiner Artillerie großen Schrecken. Pest und Hungersnot folgten den Truppen und hinterließen bei Ende des Krieges eine völlig verarmte Region. Philipp Erwein hielt für Kurmainz die Stellung vor Ort und verkörperte in seiner Person die Amtsgewalt. Er unterstützte die Politik seines Bruders vorbehaltlos, übernahm Gesandtschaften, führte Verhandlungen und regen Briefverkehr mit den umliegenden Herrschaften. In dieser Atmosphäre zwischen Not und Weltläufigkeit wurden die Kinder Philipp Erweins groß. Die prägende Erfahrung ihrer Kindheit werden wohl das Kriegserlebnis und das Elend des Volkes gewesen sein, das sie in Steinheim mitbekamen.

Lothar Franz kam am 4. Oktober 1655 als letztes Kind Philipp Erweins und seiner inzwischen 43-jährigen Frau Maria Ursula zur Welt. Vor ihm erhielten bereits seine älteren Brüder Franz Georg, Johann Philipp der Jüngere und Melchior Friedrich Ausbildungen, die eine geistliche Laufbahn einleiteten. Das Nesthäkchen Lothar Franz bewegte sich zunächst in ihrem Schatten, konzentrierten sich die Hoffnungen der Familie doch vornehmlich auf die beiden Ältesten. Franz Georg zog unter eifriger Protektion seines erzbischöflichen Onkels schon früh in die Domkapitel von Mainz, Bamberg und Würzburg ein und wurde sogar unter dem Unmut des Mainzer Domkapitels zum Mainzer Domkustos und Propst des Frankfurter Bartholomäus-Stifts erhoben. 1667 übertrug ihm der Onkel zudem die Statthalterschaft über Erfurt und hätte ihn am liebsten auch noch zu seinem Koadjutor in Mainz gemacht. Doch die Pläne scheiterten nicht nur am Eigensinn des Mainzer Domkapitels – 1674 ereilte den erst 35-jährigen Schönborn-Spross der Tod. Damit waren alle Karriereplanungen hinfällig. Der zweitgeborene Sohn Johann Philipp war inzwischen in den Johanniterorden eingetreten und brachte es bis zum Komtur in Würzburg und Großprior in Dacien, sodass er karrieremäßig bereits »verplant« war. Da Melchior Friedrich 1668 geheiratet hatte, um der Schönborn-Genealogie weiter Schwung zu verleihen, ruhten die Hoffnungen auf eine bischöfliche Kirchenkarriere unversehens bei Lothar Franz. Als sein kurfürstlicher Onkel Johann Philipp von Schönborn 1673 starb, war er noch keine 18 Jahre alt. Dennoch ging die Familienstrategie auf: Man hatte ihn so rechtzeitig in Stellung gebracht, dass die Früchte des Erfolgs auch nach dem Tod des Förderers eingefahren werden konnten.

DER FRÜHE WERDEGANG INNERHALB DER KIRCHE

Die Familie hatte darauf geachtet, dass auch der jüngste Sohn eine solide Ausbildung bekam. Sie schickte ihn aufs Jesuitengymnasium, wahrscheinlich in Mainz. Noch als Schüler erhielt er Dompräbenden in Würzburg und Bamberg. Nach ausgedehnten Kavalierstouren durch die Niederlande, Frankreich und Italien hielt er sich zum Studium der Jurisprudenz und Theologie zwischen 1673 und 1675 in Wien auf. Schon die Wahl des Studienortes weist auf die grundsätzliche Neuorientierung der kurfürstlich-Schönbornschen Reichspolitik hin. Hatte Lothars älterer Bruder Franz Georg noch in Paris studiert, was ganz der frankophilen Politik seines Onkel Johann Philipp entsprach, so diente der Wien-Aufenthalt des Jüngeren der Intensivierung der Beziehungen zum Kaiserhof. Denn der Schlüssel zur Reichspolitik lag angesichts der aggressiver werdenden Außenpolitik Frankreichs wieder an der Donau und nicht mehr an der Seine.

Während seiner Wiener Jahre konnte Lothar Franz wichtige Beziehungen im Umfeld des Hofes knüpfen. Zu seinem Mentor wurde der langjährige Mainzer Generalvikar und einstige Reichsvizekanzler Wilderich von Walderdorff, inzwischen zum Bischof von Wien aufgestiegen. Walderdorff hatte sich schon in der Ära Erzbischof Johann Philipps um eine bessere Verständigung zwischen Mainz und dem Kaiserhof bemüht und immer wieder vermittelnd zwischen den geistlichen Fürstentümern des Reichs und dem eigenmächtig agierenden Kaiser eingegriffen. Nun nahm Walderdorff Friedrich Lothar unter seine Fittiche und legte dabei den Grundstein für dessen spätere kaiserfreundliche Politik als Mainzer Erzbischof. Die guten Kontakte, die dieser in Wien zu vielen hochgestellten Persönlichkeiten knüpfte, erleichterten dabei den politischen Kurswechsel.

Inzwischen ging es für Lothar Franz die kirchliche Karriereleiter steil bergan: War ihm bis zum Tod seines Bruders Franz Georg ein Sitz im Mainzer Domkapitel verwehrt, weil die Statuten die gleichzeitige Mitgliedschaft von zwei Brüdern untersagten, konnte er wenige Wochen nach dessen Ableben unter Protektion des amtierenden Mainzer Erzbischofs Metternich-Burscheid, der gleichzeitig ein Schwager seiner Schwester Anna Margarete war, im Kapitel aufgeschworen werden. Nach Abschluss seines Studiums erfüllte er seine Residenzpflichten in Mainz, Würzburg und Bamberg und wurde 1681 beziehungsweise 1683 in die Domkapitel von Bamberg bzw. Würzburg und Mainz aufgenommen. Damit begann seine eigentliche Kirchenkarriere. Doch da inzwischen sowohl sein Vater als auch sein Onkel gestorben waren, konnte er sich nicht mehr nur allein auf innerfamiliäre Patronage verlassen. Er musste auch selbst an Profil gewinnen.

Dem gut ausgebildeten, nach allgemeiner Ansicht schlagfertigen und witzigen Lothar Franz gelang dies offenbar recht gut. In Bamberg wurde er rasch bei allen Seiten beliebt. Durch seine freundliche und diplomatisch-geschmeidige Art stieg er zum wichtigsten Mitarbeiter des Fürstbischofs Marquard Sebastian Schenk von Stauffenberg auf, der ihn in der Folge mehrmals mit diplomatischen Missionen betraute. Im November 1689 hielt er sich zur Beobachtung der Königswahl Josephs I. in Augsburg auf. Er bekleidete wichtige Ämter wie das des Präsidenten der Hofkammer und das des Domscholasters. Diese Positionen bedeuteten ein Mehr an Verantwortung und Prestige, aber auch ein bedeutendes Plus an Einkommen, das Lothar Franz wiederum für die Beförderung der eigenen Karriere verwenden konnte. Seine Erfolge bei der Sanierung des Bamberger Haushalts – das Hochstift galt um 1690 wieder als relativ wohlhabend – steigerten ohnehin sein Ansehen. So nahm sich Lothar Franzens Position recht komfortabel aus, als 1693 eine Bischofsneuwahl in Bamberg anstand.

DIE WAHL ZUM FÜRSTBISCHOF VON BAMBERG 1693

Sein Interesse an der Wahl unterstrich der Schönbornkandidat mit der Zahlung generöser »Wahlkampfhilfen«. Aber auch der Klang seines Familiennamens hallte in Franken nach – die Amtszeit seines Onkels war noch nicht vergessen. Da man auch in Wien durchblicken ließ, dass man gegen einen neuen Schönbornbischof nichts einzuwenden habe, wählte das Domkapitel ohne großes Aufheben seinen bewährten Domscholaster am 16. November 1693 zum neuen Fürstbischof von Bamberg. Im Januar erfolgte die päpstliche Bestätigung und die Verleihung des Palliums, das jedem Bamberger Bischof nach alter Tradition zustand. Die noch ausstehenden höheren Weihen holte Lothar Franz rasch nach.

Endlich, nach 20 Jahren der Abstinenz, stellte die Familie Schönborn nun wieder einen bedeutenden Reichsbischof! Mit Lothar Franz, der in Bamberg über 35 Jahre lang regieren sollte, konnte der Höhenflug der Dynastie dank engagierter Patronage fortgesetzt werden.

Zunächst stand jedoch der Wiederaufbau Bambergs nach den Verheerungen des Krieges im Vordergrund. Der neue Fürstbischof widmete sich der Aufgabe mit dem gebotenen Eifer: Um den privaten Wohnungsbau anzukurbeln, gewährte er Steuerfreiheit von bis zu 20 Jahren für den Bau von Steinhäusern mit mindestens drei Stockwerken. Zumindest einen gemauerten Sockel sollten alle Neubauten haben, öde Flächen und Baulücken geschlossen werden. Nach und nach gestaltete er Bamberg zu einer glänzenden Barockstadt um. Seine Hofbediensteten und Hofminister erbauten sich prachtvolle Palais in der Innenstadt; der Fürstbischof selbst kümmerte sich um Sicht- und Blickachsen, indem er alte Gebäudeteile – wie die mittelalterlichen Domherrenkurien auf dem Domberg – abreißen ließ oder neue städtebauliche Akzente durch Brunnen, Torbauten oder Kasernen setzte.

Dies alles gelang ihm, weil er auf die Verwaltung seines Fürstbistums achtete. Sofort nach der Regierungsübernahme beraumte er eine Visitation seiner Behörden an, die viele Mängel offenbarte. Daher sollten Steuerverwaltung und Justiz in einem ersten Schritt reformiert werden. Dazu stellte der neue Fürstbischof eine Reihe bürgerlicher Juristen in seinen Dienst und scheute sich nicht, dafür unfähige adlige Beamte zu entlassen. Während seiner Regierungszeit verdreifachten sich die von der Hofkammer besoldeten Ämter. Alle Vorgänge in seinen Behörden mussten sorgfältig protokolliert werden. Um die Einnahmen des Bistums zu erhöhen, stimulierte er die Wirtschaft durch seine Baupolitik, die Handwerker und Künstler wieder in Lohn und Brot brachte, aber auch durch die Förderung der Seidenspinnerei, des Nordbambergischen Kupferbergbaus und der Lohrer Glas- und Spiegelmanufaktur. Spiegel waren im Hochadel als Repräsentationsstücke sehr beliebt. Ihre Herstellung im Gussverfahren war kompliziert und kam aus Frankreich. Lothar Franz setzte hier auf die neueste Mode, denn kaum ein Schloss kam mehr ohne Spiegelkabinett aus. Er selbst richtete sich in Gaibach und

Der Pfälzische Erbfolgekrieg

Großes Leid brach im Südwesten des Reiches durch den sogenannten Pfälzischen Erbfolgekrieg (1688–1697) aus. Unter dem Vorwand erbrechtlicher Ansprüche fiel Ludwig XIV. von Frankreich 1688 mit einem großen Heer in die Pfalz und deren Nachbarregionen ein. Französische Truppen stürmten über den Rhein, stießen bis Ulm und Mergentheim vor und nahmen Mannheim, Mainz und Heidelberg ein. Bis Jahresende hatten sie die vier rheinischen Kurfürstentümer besetzt. Im Februar 1689 erklärte der Kaiser Frankreich den Reichskrieg. Die Reichsstände und -kreise sammelten ihre Truppen. In die Enge getrieben, ließ Ludwig seine Armee zurückziehen, praktizierte dabei jedoch auf Vorschlag seines Kriegsministers eine Strategie der »verbrannten Erde«: Die französischen Truppen verwüsteten gründlich und systematisch Dörfer, Burgen und Städte in der Pfalz, in Kurtrier und der Markgrafschaft Baden. Heidelberg ging in Flammen auf, Mannheim wurde völlig zerstört, Durlach, Baden-Baden und Ettlingen verwüstet. Auch die Reichsstädte Speyer und Worms entgingen der Zerstörungswut der französischen Generäle nicht. Lieselotte von der Pfalz, verheiratet mit dem Bruder des französischen Königs, litt sehr unter den Kriegsnachrichten. »Das gute Mannheim zu brennen und bambardieren, welches der Kurfürst, mein Vater selig, mit solchem Fleiß hat bauen lassen – das macht mir das Herz bluten«, schrieb sie in einem ihrer zahlreichen Briefe. Viele linksrheinische Burgen und Schlösser wurden nie wieder aufgebaut. Das 1693 völlig niedergebrannte Schloss zu Heidelberg erinnert als Ruine und Mahnmal bis heute an diese schrecklichen Kriegsverwüstungen.

Auch die Bischofsstadt Mainz traf es hart. Im Juli 1689 belagerten Reichstruppen die französisch besetzte Stadt, die sich erst nach langem Widerstand unter dem General d’Huxelles ergab. Truppendurchzüge und

Kontributionen forderten wieder einmal ihren Preis. Das Bistum lag darbend darnieder und war bis Kriegsende 1697 ständiger Bedrohung ausgesetzt. Erst der Frieden von Rijswijk beendete das Übel. Die Pfalz blieb dem Reich erhalten und ging in Nachfolge des ausgestorbenen Zweigs Pfalz-Simmern an die katholische Linie Pfalz-Neuburg aus dem Hause Wittelsbach.

Pommersfelden wertvolle verspiegelte Räume ein. Die qualitätvollen Arbeiten aus Lohr interessierten auch den Kaiserhof in Wien. Generös ließ der Fürstbischof 1701 der Kaisergemahlin Amalie Wilhelmine zwei große kunstvolle Spiegel als Geschenk aus seiner Werkstatt zukommen.

Auch wenn die Einnahmen insgesamt nur gemäßigt verbessert werden konnten, ließ Bamberg dennoch allmählich die Zeiten der Not hinter sich. Die nach dem Dreißigjährigen Krieg neu gewonnene Lebensfreude schlug sich in einer aufblühenden Volksfrömmigkeit nieder, die Franz Lothar, selbst ein großer Eucharistie- und Marienverehrer, nach Kräften förderte. Marienwallfahrten wie jene im bambergischen Marienweiher, Prozessionen und Reliquienkult erlebten eine Blüte. Viel Wert legte der Fürstbischof auf die Durchführung der Liturgiereform in Bamberg. Liturgische Bücher ließ er neu edieren und drucken, 1707 kam ein neues Gesangbuch heraus.

Dennoch war der Ehrgeiz des Schönbornbischofs keineswegs erschöpft. Das Vorbild des großen Onkels vor Augen, trieb es ihn weiter. Noch 1694 bemühte er sich um die Wahl zum Koadjutor von Mainz mit dem Recht auf die Bischofs-Nachfolge, um das späte »Erbe« seines Onkels antreten zu können. Kurhut und Reichskanzlerwürde galten ihm als höchste Ziele.

IN SCHWIERIGER MISSION: KURFÜRST UND ERZBISCHOF VON MAINZ 1695

Die Wahl eines neuen Mainzer Kurfürsten und Erzbischofs zeichnete sich ab 1694 ab, da der Bischof Anselm Franz von Ingelheim seit langem an Gicht litt und unter dem Eindruck

Mit seiner Wahl zum Erzbischof von Mainz trat Lothar Franz von Schönborn 1695 an die Spitze des deutschen Episkopats. Er sorgte dafür, dass mitten im Spanischen Erbfolgekrieg die Königs- und Kaiserwahl des Habsburgers Karl VI. reibungslos vonstattenging. – Gemälde von Johann Jakob Ihle, Anfang 18. Jh.

der schlimmen Kriegsverwüstungen durch den Pfälzer Erbfolgekrieg immer stärker körperlich verfiel. So musste an die Wahl eines Koadjutors gedacht werden, der ihm nach seinem Tod auch nachfolgen würde. Engagiert vertrat Lothar Franz von Schönborn das Interesse seines Hauses an dem hoch angesehenen erzbischöflichen Stuhl, nicht ohne dabei auf einen ebenso gewieften Konkurrenten zu treffen: Auch Franz Ludwig von Pfalz-Neuburg, Bischof von Breslau, aus dem vornehmen Geschlecht der Wittelsbacher meldete Ansprüche an. An Finanzkraft stand er dem Schönborner keineswegs nach. Doch es war nicht nur das Geld, das in solchen Fällen den

Ausschlag gab: In Zeiten der Bedrängnis suchte das Mainzer Domkapitel einen diplomatisch erfahrenen Kandidaten, der sich entschieden der Gefahr durch Frankreich entgegenstemmen würde. Die Ämterkumulation mit Bamberg erschien dabei von Vorteil, weil jenes finanziell recht gesunde Bistum die Mainzer Finanzmittel aufstocken helfen konnte und so das politische wie militärische Gewicht des bedrohten Hochstifts erhöhte.

Der sterbende Erzbischof Anselm Franz von Ingelheim, der freundschaftlich mit Lothar Franz verkehrte und oft in Aschaffenburg weilte, wo die Schönborns das höchst einflussreiche kurmainzische Vizedomamt innehatten, machte sich selbst in Rom dafür stark, den Fürstbischof von Bamberg zu seinem Koadjutor und Nachfolger zu machen. Die Kurie folgte seinem Anliegen und gewährte Lothar Franz von Schönborn einen Dispens vom üblichen Verbot der Ämterhäufung. So konnte er im Herbst 1694 zum Mainzer Koadjutor gewählt werden. Da Erzbischof Anselm bereits am 30. März 1695 starb, trat er ebenso rasch wie problemlos dessen Nachfolge an. Den kraftstrotzenden 40-Jährigen begrüßte das Domkapitel mit großen Hoffnungen.

Die Devise des neugekürten Erzbischofs, Kurfürsten und Reichskanzlers war vom ersten Tag an eindeutig: »Pro Deo, Caesare et Imperio« (Für Gott, Kaiser und Reich). Lothar Franz setzte es sich zum Ziel, gemeinsam mit dem Kaiser die Ordnung des Reichs zu bewahren und den Frieden nach außen zu schützen. Das bedeutete einerseits, sich gegen Übergriffe Frankreichs zu rüsten, andererseits aber auch, sich gegen aufstrebende Reichsstände und habsburgische Eigeninteressen zu wappnen. So trat der Mainzer Kurfürst zu Ende des Pfälzischen Erbfolgekriegs für eine enge Zusammenarbeit unter den Reichskreisen in Verteidigungsfragen ein. 1696 lud er Vertreter des schwäbischen, fränkischen und bayerischen Reichskreises zusammen mit jenen der drei rheinischen Kreise nach Frankfurt, um sie zu einer Assoziation zum Zwecke des koordinierten Selbstschutzes zu bewegen. Ein Vertrag wurde geschlossen, der vorsah, eine Armee von 40.000 Mann in Friedenszeiten und von 60.000 Mann in Kriegszeiten aufzustellen. Kaiser Leopold I. war davon nicht unbedingt begeistert, da er darin eine »Konkurrenz« zu seiner eigenen Armee sah. Dennoch wurde das Bündnis nach der Zusicherung, »sub auspiciis Caesaris« (unter kaiserlicher Oberaufsicht) zu stehen, ins Leben gerufen, in die Große Allianz gegen Frankreich integriert und über den Frieden von Rijswijk (1697) hinaus fortgeführt. Lothar Franz sah darin eine Möglichkeit, die mittelgroßen Reichsstände aus den Partikularinteressen der Großen herauszuhalten und »Ruhe und Libertät durch die eigenen Kräfte zu verschaffen«. Mit dieser Idee wandte sich der Mainzer Kurfürst zwar nicht direkt gegen den Kaiser, versuchte aber, den kleineren Reichsständen ein eigenes Gewicht in der gemeinsamen Landesverteidigung zu verschaffen. Als Erzkanzler und Direktor des bedeutenden Kurrheinischen Reichskreises beanspruchte er die Leitung der Assoziation für sich. Allerdings setzte sich die Idee nach Friedensschluss auf österreichischen Druck hin nicht lange durch.

Der drohende Ausbruch des Spanischen Erbfolgekriegs (1701–1714) gab dem Reichserzkanzler nur wenige Jahre später erneut Anlass, für sein politisches Konzept – ständische Freiheit neben dem Kaiser – einzutreten. Wie er dem Kaiserhof mehrfach darlegte, ging es ihm darum, den »hohen und lieben Frieden, das größte Kleinod, so gut wie möglich« zu konservieren und zu erhalten. Die Habsburgischen Hausmachtinteressen erschienen ihm nicht vorrangig. Nach einem zähen Kräftemessen zwischen Wien und Mainz um die Wiederbelebung der Assoziation und deren Führung schlossen sich 1702 die fünf in der Frankfurter Assoziation vereinigten Reichskreise mit dem österreichischen zusammen, wodurch der Kaiser von vornherein in den Bund einbezogen wurde. Doch hatte Lothar Franz darauf geachtet, einige Zugeständnisse des Kaisers zu erzielen: So wurde die Sicherung der Westgrenze als Kriegsziel aufgenommen und die selbständige Vertretung der Assoziation bei den Friedensverhandlungen garantiert. Dafür stellte die Nördlinger Assoziation eine Armee von 45.000 Mann auf. Die folgenden

Kriegsjahre bemühte sich der Mainzer Kurfürst beharrlich darum, die Führung dieses Bundes in der Hand zu behalten.

Dennoch zeigte sich langfristig, dass eine eigenständige Politik der kleineren Reichsstände nicht mehr möglich war. Das spanische Erbe teilten die Großmächte schließlich ohne Zutun der Kreisassoziation auf. Gelungen war lediglich ein Etappensieg: die Sicherung der eigenen Existenz sowohl gegenüber dem expansiven Frankreich als auch gegenüber den großen Fürstentümern im eigenen Reichsgebäude. Für Lothar Franz bedeutete dies in der Konsequenz eine noch engere Anlehnung an das Haus Habsburg, welches er auch zuvor nie offen brüskiert hatte.

In vielerlei Hinsicht setzte er das Werk seines Onkels fort: nicht nur außenpolitisch in seinem unverbrüchlichen Willen, dem Reich den Frieden zu erhalten, sondern auch in seiner gemäßigten Haltung den Protestanten gegenüber. Ein großer persönlicher Erfolg gelang ihm mit der Konversion Herzog Anton Ulrichs von Braunschweig-Wolfenbüttel und seiner Enkelin Elisabeth Christine, der nachmaligen Gattin Kaiser Karls VI. Der Übertritt der erst 17-jährigen Dame zur katholischen Kirche war überhaupt erst die Voraussetzung, um die Ehe mit dem Kaisersohn eingehen zu können. Lothar Franz hatte sich in Wien über seinen Neffen Friedrich Karl für diese Verbindung stark gemacht und seine Unterstützung bei der Konversion in Aussicht gestellt. Er tat daher dem Wiener Hof einen großen Gefallen, als er seinen besten Mann nach Wolfenbüttel schickte, um das Heiratsprojekt Realität werden zu lassen. Der langjährige Mainzer Offizial Gottfried Bessel reiste unermüdlich nach Braunschweig, um Glaubensgespräche am Herzogshof zu führen. Seine unaufdringliche und freundliche Art zeigte bald Wirkung: Elisabeth Christine, die zunächst eisern an ihrer protestantischen Überzeugung festgehalten hatte, nahm schließlich die katholische Konfession an. Mit großer Freude begrüßte Lothar Franz die Konvertitin in Bamberg und brachte sie in den prunkvollen Gemächern seiner Residenz unter, bevor er am 1. Mai 1707 in einer festlichen Zeremonie im Bamberger Dom das öffentliche Glaubensbekenntnis der Prinzessin entgegennahm. Nur zwei Wochen später reiste Elisabeth Christine nach Wien und heiratete ein knappes Jahr danach den inzwischen zum König von Spanien proklamierten Karl. Mit ihm bekam sie vier Kinder, darunter die später so bedeutende Kaiserin Maria Theresia.

Drei Jahre später bekannte sich auch der Großvater Elisabeth Christines in der Schlosskapelle zu Bamberg zur katholischen Konfession. Der Papst hatte sich vertrauensvoll an Lothar Franz um Vermittlung gewandt. Damit erwarb sich der Mainzer Kurfürst hohes Prestige in Wien und in Rom. Er stand auf dem Höhepunkt seines Ansehens. Zum Dank akzeptierte Kaiser Karl VI. einige Jahre später auf Vorschlag Schönborns den rührigen Bessel als Abt der wichtigen Benediktinerabtei Göttweig an der Donau.

DER »KAISERMACHER«: KRÖNUNG KAISER KARLS VI.

Nach den glanzvollen Tagen von Bamberg erwarteten Lothar Franz nicht lange danach neue Ruhmestaten, gleichwohl aus traurigem Anlass: Völlig überraschend starb Kaiser Joseph I. kaum 33 Jahre alt am 17. April 1711 an den Blattern. Mitten im Spanischen Erbfolgekrieg drohte dem Reich ein Machtvakuum. Als Kurfürst und Erzkanzler hatte Lothar Franz nun zügig die Verhandlungen mit den übrigen Kurfürsten zu führen, um eine rasche Königsneuwahl in die Wege zu leiten. Als nächster Thronanwärter aus dem Hause Habsburg stand Karl, der jüngere Bruder des Verstorbenen, zur Verfügung, der gerade den Kampf um die spanische Krone ausfocht. Lothar Franz, der mit Elisabeth Christine eben jenem Karl die Braut vermittelt hatte, war zwar an dessen rascher Wahl gelegen, hoffte aber dennoch, in den anstehenden Verhandlungen seine reichspolitischen Vorstellungen miteinbringen zu können. Noch einmal warf er das ganze Gewicht seines Amtes und seiner Persönlichkeit in die Waagschale, um die Institutionen des Reiches aufzuwerten, die gegenüber den Einrichtungen der österreichischen Erblande zunehmend an Bedeutung zu verlieren drohten. Denn im Laufe des 17. Jahrhunderts war der Kaiserhof dazu übergegangen, für die habsburgischen Erblande eigene Verwaltungseinrichtungen zu schaffen, die neben den Reichsbehörden bestanden und diese allmählich unterhöhlten. Dies galt es in den Augen Schönborns zu korrigieren. So drängte der Mainzer Erzbischof darauf, die Reichshofkanzlei – eine der Zentralbehörden des Reichs, deren Leitung traditionell dem Mainzer Kurfürsten oblag – und mit ihr das Amt des Reichsvizekanzlers zu stärken. Alle das Reich betreffenden Angelegenheiten sollten wieder über die Reichshofkanzlei abgewickelt werden – Personalfragen bei der Besetzung der wichtigen Hofämter miteingeschlossen. Damit hätte sich der Mainzer Kurfürst ein gewichtiges Wort bei der Auswahl der Geheimen Räte gesichert, die zu den wichtigsten Beratern des Kaisers zählten. Außerdem drängte Lothar Franz darauf, dass sein Vertreter, der in Wien residierende Reichsvizekanzler, Zugang zum innersten Beraterzirkel des Kaisers, der Geheimen Konferenz, erhielt. Damit wäre er über alle wesentlichen Aspekte der kaiserlichen Politik informiert worden und hätte frühzeitig auf alle Entscheidungen reagieren können. Da Lothar Franz 1705 seinen Lieblingsneffen Friedrich Karl als Reichsvizekanzler durchgesetzt hatte, lief dies gleichzeitig auf eine Stärkung der Schönbornschen »Familienbande« hinaus.

Genau aus diesem Grund mochte sich der Habsburger für die kurfürstlichen Ideen nicht recht erwärmen, ebenso wenig die übrigen Kurfürsten, die den Machtzuwachs des Hauses Schönborn argwöhnisch beäugten. Eine bindende Wahlkapitulation kam daher nicht zustande, wohl aber erreichte Lothar Franz eine schriftliche Zusicherung des Kaisers in spe, den Reichsvizekanzler künftig als Geheimen Kaiserlichen Rat anzuerkennen, an allen Beratungen zu beteiligen und überhaupt alle Dekrete und Immunitäten, die das Reich betrafen, nur noch über die Reichshofkanzlei abzuwickeln. Die Umsetzung dieser Willensbekundung stand zwar noch in den Sternen, doch Lothar Franz verbuchte sie dennoch als Erfolg für sich.

So wurde am 12. Oktober 1711 der Habsburger Karl in einem kurzen formalen Akt von den Kurfürsten des Reiches in

Frankfurt zum neuen römisch-deutschen König gewählt. Zwei Wahlmacher fehlten allerdings – denn die Kurfürsten von Bayern und Köln befanden sich wegen ihrer Parteinahme für Frankreich in Reichsacht. Lothar Franz leitete als Kurfürst und Erzbischof von Mainz den Wahlvorgang: Er musste die übrigen Kurfürsten fristgerecht nach Frankfurt einladen und ihnen sicheres Geleit gewähren, saß den insgesamt 26 zwischen August und Oktober stattfindenden Sitzungen vor, nahm den Kurwählern den Eid ab, erfragte einzeln die Voten der Teilnehmer, gab als letzter seine eigene Stimme ab und verkündete das Ergebnis sowohl im Konklave und als auch im Dom gegenüber der Öffentlichkeit. Mit Gesang und Glockengeläut, Salutschüssen, Pauken und Trompeten endete dann der Wahlvorgang.

Zwei Tage vor Heiligabend schritt Lothar Franz von Schönborn zum Höhepunkt seines politischen Wirkens: In einem pompösen Festakt krönte er im Bartholomäusdom zu Frankfurt am Main den neuen König und Kaiser Karl VI. Da wegen des abtrünnigen Kölner Erzbischofs der traditionelle Krönungsort Aachen nicht zur Verfügung stand, musste die Krönung ausnahmsweise am selben Ort wie die Wahl stattfinden. Lothar Franz, der den aus Barcelona angereisten Karl bereits seit einigen Tagen im Aschaffenburger Schloss untergebracht hatte, kam bei der glamourösen Handlung die Hauptrolle zu: Er empfing den Kandidaten gemeinsam mit dem Trierer Erzbischof am Kirchenportal, geleitete ihn durch die festlich geschmückte Kirche zum Hauptaltar und zelebrierte die Krönungsmesse. Er salbte den Kaiser mit dem heiligen Öl, übergab ihm Szepter und Reichsapfel und setzte ihm gemeinsam mit dem Trierer Kollegen die Reichskrone aufs Haupt. Danach nahm er im südlichen Seitenschiff die Thronsetzung vor und sprach dabei die bedeutsamen Worte: »Nehmet ein und behaltet die königliche Stelle, welche euch nicht durch Erbrecht, noch durch väterliche Nachfolge, sondern durch die Stimmen der Kurfürsten des Deutschen Reichs, sonderlich aber durch die Verordnung des allmächtigen Gottes und unsere, auch aller Bischöfe und anderer Diener Gottes Übergebung eingeräumt

Der Bartholomäusdom von Frankfurt war Schauplatz der prächtigen Zeremonie, in der Lothar Franz von Schönborn 1711 Karl VI. zum König krönte. Die Dankbarkeit des Habsburgers dafür war ihm sicher.

wird ...« In Wort und Zeremoniell wurde der Kaiser so daran erinnert, wem er seine Würde zu verdanken hatte, und Lothar Franz sonnte sich als »Zeremonienleiter« ganz besonders in der öffentlichen Aufmerksamkeit; Lobgedichte priesen ihn entsprechend als neuen Samuel, der einst König David salbte.

Zum Abschluss folgte ein üppiges Festmahl im Frankfurter Rathaus mit zahlreichen Gästen und aufwendig zubereiteten Speisen. Zum Dank für die glanzvolle Krönung und Unterstützung bei der Wahl machte der frischgebackene Kaiser dem Mainzer Kurfürsten ein vorher vereinbartes, wahrhaft fürstliches Geschenk: Er übertrug ihm 150.000 rheinische Gulden für die »getreue Sorgfalt und nachdrückliche Assistenz zu dem erfolgten glücklichen Ausschlag« der Kaiserkür! Kaiserliche Gunst und großzügige Finanzspritze konnte der loyale Kaisermacher gleichermaßen gut gebrauchen.

AUSBAU DER FAMILIENSTELLUNG

Wie sein Onkel Johann Philipp nutzte auch Lothar Franz geschickt seine fürstbischöfliche Stellung aus, um den Familienbesitz zu vergrößern und zu arrondieren. Dabei ging es ihm längst nicht mehr allein um den Zukauf kleinerer Ländereien im fränkisch-rheinischen Raum wie noch eine Generation zuvor, sondern um die Gewinnung großer Territorien, die weitere Standeserhöhungen ermöglichten. Hatte schon der Erwerb der reichsunmittelbaren Herrschaft Heusenstamm bei Frankfurt (1661) die Erhebung des Geschlechts in den Reichsfreiherrnstand gerechtfertigt, leitete Lothar Franz nun den zweiten Schritt ein: Er arrangierte die Hochzeit seiner jungen Nichte Maria Eleonore von Hatzfeld, der Tochter seiner Schwester Catharina Elisabetha, mit dem kranken Grafen Johann Otto von Dernbach, der über die fränkische Reichsgrafschaft Wiesentheid gebot. Den Tod vor Augen, setzte dieser seine jugendliche Frau als Alleinerbin seines Vermögens und seiner Lehen ein, und da er überraschend schon nach zweijähriger Ehe ablebte, durfte sich seine erst 17-jährige Witwe über ein stattliches Erbe freuen.

Lothar Franz nahm seine Nichte sofort unter seinen Schutz, als Erbstreitigkeiten mit der Familie des Grafen ausbrachen. Mit sanftem Druck überredete er sie, ihren eigenen Cousin Rudolf Franz Erwein von Schönborn, den vierten Sohn Melchior Friedrichs, zu heiraten, denn mit diesem »Trick« konnte die wertvolle Grafschaft im eigenen Haus behalten werden. Maria Eleonore zögerte zwar, gab aber schließlich dem Wunsch des Onkels nach. Ein Ehedispens wegen zu naher Verwandtschaft wurde in Rom eingeholt, und im November 1701 konnte die Trauung des Paares stattfinden. Mit der Grafschaft Wiesentheid gewannen die Schönborns erstmals die volle Verfügungsgewalt über ein weltliches Territorium. Kaiser Leopold I. erkannte ihre gewachsene Stellung an, indem er das Haus noch im selben Jahr in den Reichsgrafenstand erhob – ein Triumph Schönbornscher Zukunftsplanung.

Die Rangerhöhung steigerte umgekehrt die weiteren ökonomischen Möglichkeiten. Immer mehr Herrschaften und Lehen wurden in den folgenden Jahrzehnten recht geschickt durch Kauf, Tausch, Adoption oder Erbschaft erworben und dadurch ihr Rückfall an den eigentlichen Lehensherrn verhindert. Im Falle Pommersfeldens setzte der letzte männliche Besitzer, der hoch verschuldete Friedrich Ernst Truchsess, seinen Dienstherrn Lothar Franz von Schönborn, Fürstbischof von Bamberg, dem er bereits wesentliche Teile seines Eigenbesitzes verkauft hatte, testamentarisch zu seinem Alleinerben ein. Trotz der kniffligen lehensrechtlichen Lage – Teile des Gutes galten je als Lehensbesitz Bambergs, Würzburgs und der Markgrafschaft Bayreuth – gelang die Übertragung nach komplizierten Verhandlungen unter Zahlung eines an sich überhöhten Kaufpreises. Dennoch war den Schönborns der Erwerb dieses Rittergutes überaus wichtig: Es stärkte ihre Position in Franken, denn nicht nur das Schloss, sondern überaus reicher Grundbesitz von etwa 38 Hektar Land gehörten zur Herrschaft – Wiesen, Forste, Gärten, Felder, Fischteiche. Rund 250 Bauern in 20 Orten waren abgabepflichtig und leisteten Frondienste. Das Gut erbrachte somit reiche Erträge an Steuern, Zinsen und Naturalabgaben. So war es ein prestigeträchtiger, in Umfang und Wert bislang einzigartiger Einzelbesitz, den Lothar Franz hier für seine Familie erwarb und in den folgenden Jahren mit einer entsprechend repräsentativen und prächtigen neuen Schlossanlage ausbaute. Er nannte es stolz sein »Königreich zu Pommersfelden«.

Durch die Loyalität zum Haus Habsburg wuchs das Haus Schönborn gleichzeitig über das rheinfränkische Stiftsgebiet weit hinaus. Der Neffe und Reichsvizekanzler in Wien, Friedrich Karl, sonnte sich in der Gunst des Kaiserhofes, erfuhr auf Grund seiner Position immer als erster von freiwerdenden Gütern oder Lehen und konnte so im Laufe der Jahre umfangreichen Landbesitz in Österreich und Ungarn ergattern. 225.000 Gulden und eine jährliche Apanage investierte er 1709 in Franz Anton von Buchheim, Bischof von Wien-Neustadt, um ihm nach jahrelangen, diskret über seinen Kopf hinweg geführten Verhandlungen mit den Lehensherren von Ansbach und Bayreuth das nördlich von Wien gelegene riesige Lehensgut Göllersdorf mitsamt dem Allodialbesitz abzukaufen.

Die Schönborns suchten in den österreichischen Erblanden Fuß zu fassen, um ein zweites »Standbein« für die Familie aufzubauen. Auch diese Investition zahlte sich langfristig aus, denn 1728 schenkte Kaiser Karl VI. seinem treuen Reichsvizekanzler umfangreichen Landbesitz im Königreich Ungarn, nämlich die Herrschaften Surtschin und Surduck, mit jährlichen Einkünften von über 85.000 Gulden. Darüber hinaus erhielt Friedrich Karl mit kaiserlichem Dekret vom 4. Februar 1729 noch die in Oberungarn liegenden Herrschaften Mukatschewo (heute Westukraine) und Szent Miklos als Erbe seines Onkels Lothar Franz übertragen, der kurz vor seinem Tod dem Kaiser bei der Niederwerfung eines aufständischen ungarischen Magnaten geholfen und Truppen aus Mainz und Würzburg an die ungarische Front beordert hatte. Über Nacht wurde Friedrich Karl so zum märchenhaft reichen Grundbesitzer: 2.300 Quadratkilometer Grund mit 181 Dörfern, sechs Flecken, einer ganzen Stadt und drei Schlössern nannte er fortan sein Eigen. Er zählte damit zum zweitgrößten Landbesitzer in Oberungarn und wurde in den österreichischen sowie ungarischen Adel aufgenommen.

1730 rief Friedrich Karl von Schönborn seine fränkischen Untertanen dazu auf, die durch Krieg und Unruhen verwüsteten oberungarischen Gebiete zu besiedeln, und bot dafür großzügig Steuernachlässe sowie eine Grundausstattung an Höfen, Wiesen und Ackerflächen an. Dem Aufruf in die Dörfer Transkarpatiens folgten in den nächsten Jahren Hunderte von Kolonisten – Landwirte, Handwerker, Weinbauern, Waldarbeiter. Sie gehörten überwiegend den unteren sozialen Schichten an und suchten in der Ferne einen wirtschaftlichen Neuanfang. In der Stadt Mukatschewo und ihrer Umgebung siedelten sich zwischen 1730 und 1774 197 Familien mit 874 Angehörigen an, die ihre fränkische Kultur und Sprache mit in die neue Heimat brachten.

Die Familie aus dem beschaulichen Westerwald hatte ihr Vermögen inzwischen immens vervielfacht. Ohne große Emotionen hatte man denn auch schon 1686 die wenig ertragreichen und abgelegenen Besitzungen im Taunus und im Westerwald verkauft. Die Schönborns waren ihren Wurzeln längst entwachsen.

4. »Das Bauen ist ein Teufelsding«: Lothar Franz von Schönborn als Vater des fränkischen Barock

BAROCKE FRÖMMIGKEIT UND FÜRSTLICHER REPRÄSENTATIONSWILLE

Die Taschen voller Geld und den Kopf voller Ideen gingen die Schönbornbischöfe daran, ihrer Bauleidenschaft endlich vollumfänglich zu frönen. »Bauen ist eine Lust und kost viel Geld, einem jeden Narren sein eigene Kapp gefällt«, merkte Lothar Franz selbstkritisch über seine Bauwut an, die in der Tat Unmengen privater und öffentlicher Gelder verschlang und seinen Bistümern eine ungeheure Schuldenlast aufbürdete. Doch was sollte man machen: »das Bauen ist ein Teufelsding, denn wenn man einmal angefangen, darnach nicht aufhören kann«, gestand er zähneknirschend ein.

Dass er nicht anders konnte und wollte, lag am Repräsentationsdruck seines Zeitalters. Rang, Machtanspruch und politische Bedeutung eines Fürstentums mussten gezeigt und entsprechend dargestellt werden – erst recht bei einem geistlichen Fürstbischof und Kurfürsten, der sich selbst zum Kreis der Vornehmsten im Reich zählte. Die Prachtentfaltung sollte dabei nicht nur die unmittelbar benachbarten, konkurrierenden Territorialherrschaften, sondern auch weit entfernte, kulturell führende Kaiser- und Fürstenhöfe wie Wien oder Versailles gebührend beeindrucken. Außenwirkung war alles und zielte weniger auf die eigenen Untertanen als auf die Wahrnehmung durch ferne Dritte ab. Für die geistlichen Fürsten, die aufgrund ihrer begrenzten militärischen Mittel keine expansive Außenpolitik wie ihre weltlichen Standeskollegen betreiben konnten, eröffneten sich über die Baupolitik zudem Chancen, die eigene politische Ohnmacht mit ruhmvollen Großtaten anderer Art zu kompensieren. Die Stellung im Reichsverband mochte noch so prekär sein, der barocke Schein umhüllte sie jedenfalls mit einem Hauch von Ruhm und Ehre. Und gebaut wurde schließlich andernorts auch: Der Nachholbedarf war nach den Verwüstungen des Dreißigjährigen Krieges sehr groß und regte auch Reichsklöster sowie weltliche Höfe zu architektonischen Höhenflügen an. In Potsdam, Ludwigsburg, Karlsruhe oder Rastatt stampften die Fürsten ganze Residenzen neu aus dem Boden – ganz zu schweigen von der kaiserlichen Residenzstadt Wien, wo nach Ende der Türkenkriege eine neue Bauwut bei Hochadel und Kaiserhaus grassierte.

Den Schönborns kam zugute, dass Vertreter ihrer Familie gleichzeitig mehrere Reichsbistümer besetzten und oft über viele Jahrzehnte hinweg leiteten. So konnten sie ihr Mäzenatentum voll entfalten und ihr künstlerisches Programm häufig über die eigene Amtszeit hinaus umsetzen. Über ihre Projekte tauschten sie sich rege aus, erteilten Ratschläge, vermittelten sich gegenseitig Künstler. Zusammen mit weiteren befreundeten und benachbarten Kirchenfürsten schufen sie so ein Klima, das auch bei begrenzten Mitteln künstlerische Hochleistungen möglich machte. Die Hochstifte entlang von Rhein, Main und Mosel bildeten auf diese Weise einen Bistums-Großraum, in dem immer wieder die gleichen Künstler und Architekten zum Zuge kamen und zu ganz vielfältigen Aufgaben – Schloss-, Kirchen-, Festungs-, Gartenbau – herangezogen wurden. So gelang es, auch äußerst talentierte Künstler wie Balthasar Neumann und Johann Dientzenhofer langfristig in den Bistumsgebieten zu halten. Gleichzeitig eröffnete sich über das ausgedehnte Bischofsland eine Brücke in die Kaiserstadt Wien, wo innovative Baumeister wie Johann Lucas von Hildebrandt oder Fischer von Erlach immer wieder neue künstlerische Trends hervorbrachten.

Die Schönborns waren nicht die einzigen, die diesen gemeinsamen Kulturraum zum Erblühen brachten, aber sie waren diejenigen, die ihn am meisten dominierten und für sich vereinnahmten. Heute spricht man von der »Schönbornzeit«, obwohl auch andere Kirchenfürsten an der Erschaffung dieser Kunstlandschaft beteiligt waren. Doch die Schönborns »markierten« geschickt Großbauten wie etwa die Würzburger Residenz mit ihren riesigen Schauwappen, um sie in der Erinnerung der Nachwelt für ihre Familie zu reklamieren. Die auch andernorts – wie z. B. in der Gaibacher Pfarrkirche oder in der Grabkapelle im Würzburger Dom – bewusst gepflegte Familien-Propaganda verfehlte ihre Wirkung auf die Nachwelt nicht. Wie beabsichtigt, blieben die Schönborns in ihrer Rolle als Mäzene und Kunstliebhaber in Erinnerung.

In ihrem Bildprogramm feierten sie aber nicht nur sich selbst. Sie achteten stets darauf, auch dem Reichsgedanken und der engen Verbindung zum Kaiserhaus eine adäquate Form zu verleihen. Schließlich garantierte nur der Fortbestand der Reichsverfassung den geistlichen Herrschaften das Überleben. In vielen Decken- und Wandgemälden erscheinen daher Allegorien der Kaisermacht, jedoch eingebunden in das Wirken von Halbgöttern wie Herkules, die die kaiserliche »Sonne« erst zum Glänzen bringen. Der Kaiser, so die subtile Aussage, brauche im Reich die Kurfürsten und insbesondere die geistlichen Fürstbischöfe, um seine Macht entfalten zu können. Herkules gilt dabei als das Idealbild eines Fürsten, der als Tugendheld sinnfällig auf den Bauherrn rückbezogen ist. Das »gute Regiment«, Wohlstand und gerechte Herrschaft, werden zum Thema vieler Bildquellen.

Treue und Konkurrenz zum Kaiserhaus treten unmittelbar nebeneinander. Man wolle »den Herren Österreichern« zeigen, dass es »im Reich eben nicht so kahle Kerle« gebe, wie sie immer dächten, schreibt Lothar Franz etwas erbost an seinen Neffen in Wien. Er will den Wiener »Prahlhansen« beweisen, »dass man auch hier zu Land was hübsch machen kann«. Mit diesem Anspruch tritt er an – und wird ihm gerecht!

DER FAMILIENSITZ: SCHLOSS GAIBACH BEI VOLKACH AM MAIN

Schon kurz nach seiner Aufnahme ins Würzburger Domkapitel nahm Lothar Franz für viele Jahre seine Wohnung in Schloss Gaibach, das er 1668 vom Vater geerbt hatte. Das Landgut umfasste Schloss und Dorf unweit der Mainschleife bei Volkach an der Landstraße nach Schweinfurt. Bei dem bereits vorhandenen, in den Jahren zwischen 1591 und 1608

Den Familiensitz Gaibach erwarb die Familie 1650 durch Kauf und Belehnung. Das bereits zuvor angelegte Schloss wurde unter Lothar Franz ausgebaut und mit einer stattlichen Treppenanlage versehen. Heute wird es als Internat genutzt.

vom Vorbesitzer Valentin Echter von Mespelbrunn erbauten Gebäudekomplex handelte es sich um eine vierkantige Wasserburg mit Innenhof im Renaissancestil und mit angrenzendem Nutzgarten. Lothar Franz holte seinen bevorzugten Bamberger Baumeister Leonhard Dientzenhofer, um ab 1693 Um- und Ausbauten an dem vorhandenen, durch seine hohen und runden Türme etwas altertümlich wirkenden Gebäude vornehmen zu lassen. Dientzenhofer wandelte das Schloss in ein barockes, durchgehend zweigeschossiges Lustschlösschen mit quadratischem Innenhof um und baute zwei winkelförmige Trakte an, die einen Ehrenhof bildeten. Prunkstück der Anlage war das um 1705 neu errichtete, pompös mit Wand- und Deckenbildern, Stuckaturen und Statuen ausgeschmückte Treppenhaus, das anstelle des alten entstand.

Für Franken war dieser Baugedanke neu. Erstmals wurde ein Treppenhaus zum festen Bestandteil einer Raumfolge zwischen Eingangsbereich und Hauptsaal, wodurch es eigenständige repräsentative Funktion erhielt. Die prunkvollen Deckengemälde mit Darstellungen aus den »Metamorphosen« des römischen Dichters Ovid stellten die Gelehrsamkeit des Erbauers zur Schau und bildeten zusammen mit den allegorisch-mythologischen Nischenfiguren, den aufgehängten Leinwandbildern und den Wandverzierungen ein zusammenhängendes Bildprogramm. Damit wurde schon der Empfang beim Gastgeber zu einem Ereignis, welches beeindrucken und den hohen Rang des Eigentümers herauskehren sollte. In Gaibach wurden zudem eine Bibliothek und eine Gemäldegalerie als repräsentative Räume eingerichtet.

Das später stark veränderte Bauensemble, in dem heute eine Internatsschule untergebracht ist, gibt davon nur noch eine vage Anmutung. Nur wenige alte Stichwerke lassen den ursprünglichen Zustand erahnen. Doch den Gedanken an ein aufwendig ausgestattetes Treppenhaus verfolgte Franz Lothar in der Bamberger Residenz und vor allem in Pommersfelden weiter.

Neues schuf der Fürstbischof aber auch mit der Gaibacher Gartenanlage: Zwischen Schloss und der neu gebauten Orangerie legte er auf einer Fläche von 300 Metern Länge und 100 Metern Breite einen Garten nach französischem Vorbild an – mit großen Broderieparterren, Wasserbecken, einem Ovalsee, Grotten, geschnittenen Formbäumen und Heckengängen. Die Grotte war originell ausgestattet mit gläsernen Kugeln und verspritzte zum Amüsement der Gäste aus verborgenen Öffnungen Wasser. Den Abschluss der Anlage bildete eine große Orangerie mit mittig angeordnetem Hauptsaal und zwei geschwungenen Seitenflügeln. Einen außergewöhnlichen Gestaltungsgedanken brachte der Kurfürst mit der Anlage von gleich zwei Parterrebereichen – einer vor dem Schloss, der andere vor der Orangerie – ein, die für die deutsche Gartenkunst prägend wurde. Leider blieb von einem der ältesten süddeutschen Barockgärten nicht viel übrig, da er zu einem späteren Zeitpunkt in einen englischen Landschaftsgarten umgewandelt wurde.

Dass die Schönborns in Gaibach nicht in Vergessenheit gerieten, dafür sorgte nicht nur das Schloss mitsamt seinem Garten, sondern auch die ganze gestaltete Umgebung des Fürstensitzes: Am Rande seines Parks, auf der höchsten Erhebung der Gegend, dem Sonnenberg, ließ Lothar Franz aufgrund eines Gelöbnisses eine von Leonhard Dientzenhofer als Zentralbau ausgeführte Heilig-Kreuz-Kapelle errichten, für die er einen Kreuzpartikel stiftete. Durch Sichtachsen und ausgreifende Alleen verbunden, stellten Schloss, Kapelle und das weiter entfernt liegende Pommersfelden einen umfangreichen, ganz dem Gedächtnis der Schönborns gewidmeten Gestaltungsraum dar.

In den Jahren 1740 bis 1745 stiftete Friedrich Karl von Schönborn außerdem dem Dorf Gaibach, über das er das Patronatsrecht ausübte, eine neue Pfarrkirche nach Plänen von Balthasar Neumann. Der berühmte Architekt schuf einen Kirchenbau, der mit seinem reich ornamentierten Turm in seiner Qualität über einfache Dorfkirchen hinausging. Für die Innenausstattung wurde an nichts gespart: Antonio Bossi, Stuckateurmeister der Würzburger Residenz, übernahm 1747 die Gestaltung der Altarretabel für Haupt- und Seitenaltäre; der Würzburger Hoforgelbauer Johann Philipp Seuffert baute zwischen 1748 und 1749 die große Orgel, die in der Mitte ihres Orgelgehäuses das aus Lindenholz geschnitzte Schauwappen Friedrich Karl von Schönborns zeigte. Das absolute Highlight war aber das Hauptaltarbild, auf dem sich die Adelsfamilie mit elf ihrer Hauptvertreter verewigte – mehr Memorialkult ging schon fast nicht mehr!

Die Schönborns sorgten dafür, dass durch Stichfolgen von Nikolaus Person und Salomon Kleiner ihr wirkungsvoll in Szene gesetztes Landschaftsensemble überall bekannt wurde. In der Tat erlangte Gaibach dadurch europäische Berühmtheit und wurde zum Ziel vieler Kavalierstouren – 1702 besuchte sogar Joseph I. auf dem Rückweg von seinem Frankreichfeldzug den prächtig angelegten Gaibacher Garten, wohl um sich Anregungen für seine eigenen Anlagen in Schloss Schönbrunn zu holen.

Das Altarbild der Gaibacher Pfarrkirche

Dieses Gemälde ist in jeder Beziehung außergewöhnlich: Drei Generationen von Schönborns haben sich hier verewigt. Das 4,10 Meter auf 2,40 Meter große Ölbild, geschaffen von Franz Lippold im Auftrag von Friedrich Karl von Schönborn, zeigt elf Vertreter der Dynastie, teils geistlichen, teils weltlichen Standes, in Verehrung der Heiligen Dreifaltigkeit. Ernst und würdig blicken die Herren unter der klar abgetrennten himmlischen Zone, in der Gottvater im Papstornat neben Jesus Christus mit dem Kreuz und der schwebenden Taube über die tiefblaue Weltkugel herrschen, dem Betrachter entgegen. Mittig und mit andächtig gebeugtem Knie sind die »Väter des Erfolgs«, Johann Philipp, Kurfürst von Mainz und Fürstbischof von Würzburg und Worms, sowie sein Bruder Philipp Erwein, kurmainzer Geheimrat und Oberamtmann, gezeigt. Hinter ihnen folgen in der zweiten Reihe der Würzburger Bischof Johann Philipp Franz, der Kurfürst von Mainz und Bischof von Bamberg Lothar Franz, der Kurfürst von Trier und Wormser Bischof Franz Georg sowie – im Zentrum stehend, ganz in Rot – Kardinal Damian Hugo, Fürstbischof von Speyer und Konstanz, dahinter Marquard Wilhelm, Dompropst von Bamberg und Eichstätt. Ganz vorne kniet im hermelinbesetzten Fürstenmantel, den Blick zur Dreifaltigkeit gerichtet, der Stifter des Werks, Friedrich Karl, Bischof von Bamberg und Würzburg. Dominieren die linke Bildhälfte die geistlichen Fürsten, so die rechte die weltlichen Würdenträger, zu denen neben Philipp Erwein sein Sohn Melchior Friedrich, Kaiserlicher Geheimer Rat und Vizedom von Aschaffenburg, der kaiserliche General Anselm Franz und Rudolf Franz Erwein, Graf und Herr zu Wiesentheid, zählen.

Als Symbole der kirchlichen Hierarchie liegen Mitra, Pallium, Birett, Bischofsstab, Tiara, Papstkreuz und die Schlüssel Petri vor der geistlichen Personengruppe, während Fürstenhut, Herzogsschwert, Szepter, Reichs-

Auf dem Hauptaltarbild der Pfarrkirche von Gaibach verewigten sich selbstbewusst die bedeutendsten männlichen Vertreter des Hauses Schönborn. Über die Gemeindekirche unweit von Volkach am Main besaß die Familie das Patronatsrecht.

apfel und Kaiserkrone den Vertretern der weltlichen Ämter zugeordnet sind. Das Bild ist eine gemalte Ständelehre, die dem Betrachter vermittelt: Im Zusammenwirken von geistlicher und weltlicher Macht realisiert sich die göttliche Ordnung auf Erden. Der Schwerpunkt des Gruppenporträts ohne Dame liegt indes auf dem zahlenmäßig stärkeren geistlichen Stand, der dementsprechend im Bild auch durch zwei aus der himmlischen Zone hervorbrechende Strahlenbündel getroffen wird, während die weltlichen Vertreter der Dynastie nur durch ein Strahlenbündel ausgezeichnet werden.
Dass sich eine Familie zum Hauptthema eines Altarbildes machte, durchbrach eigentlich alle Traditionen. In der Regel wurden Stifterpersonen nur am Rande und unauffällig, meist kleiner als die Heiligenfiguren, abgebildet. Die Schönborns jedoch erklärten sich selbstbewusst allein zum Thema: Ihre Herrschaft, weltlich wie geistlich, stützte die von Gott gegebene Ordnung; ihr »gutes Regiment« rechtfertigte ihren generationenübergreifenden Aufstieg auf der Karriereleiter.

DER AUSBAU DER BAMBERGER RESIDENZ

Ärgerlicherweise hatte Lothar Franz bei seiner Wahl zum Bischof von Bamberg 1693 eine 130 Paragrafen umfassende Wahlkapitulation seines Domkapitels unterzeichnen müssen, das seine eigenen Rechte und Privilegien wahren wollte. Unter Absatz 66 fand sich der Passus, dass der neue Fürstbischof keine Schlösser bauen oder aufwendig wiederherstellen lassen dürfe. Zwar kassierten nur wenige Jahre später aus grundsätzlichen Erwägungen heraus Papst und Kaiser solche Kapitulationen zur Bischofswahl wieder ein, doch fühlte sich Lothar Franz dennoch einigermaßen gebunden an sie. Er wollte im Domkapitel keinen Ärger haben, schon allein wegen seiner Patronage-Absichten zu Gunsten seiner Neffen. Bezüglich seiner Baupläne musste er daher vorsichtig taktierend vorgehen, setzte gleichwohl aber darauf, dass sein gewachsenes Ansehen vor allem nach der Kür zum Mainzer Erzbischof im Domkapitel seine Wirkung entfalten würde.

Seine Amtsvorgänger hatten auf dem Bamberger Domberg bereits Tatsachen geschaffen, die nicht mehr revidierbar waren: Noch vor Ausbruch des Dreißigjährigen Krieges hatte Bischof Johann Philipp von Gebsattel bis 1609 Teile der »Neueren Oberen Hofhaltung« im Rohbau und in der Formensprache der Renaissance errichten lassen, die die Alte Hofhaltung und die Domherrenhäuser unmittelbar neben dem Dom als würdevollere Residenz ersetzen sollten. Sein Tod und der Ausbruch des Krieges verhinderten jedoch eine endgültige Realisierung seiner Pläne, sodass auf dem Domplatz trotz der Bemühungen seines bischöflichen Nachfolgers Aschhausen mehr oder weniger eine »Investitionsruine« zurückblieb. Lothar Franz beauftragte noch 1695 seinen bevorzugten Baumeister Leonhard Dientzenhofer mit Plänen zu Ausbau und Erweiterung der vorhandenen Gebäudeteile. Zwei lange Flügel sollten den Renaissancebau ergänzen, in dem der frisch gewählte Kurfürst seine Wohnräume eingerichtet wissen wollte. Wegen des abschüssigen Baugeländes wurden die Pläne um 1700 noch einmal revidiert, der zur Stadtseite gelegene Trakt gekürzt und mit einem Pavillon, dem Vierzehnheiligenpavillon, als Abschluss versehen. Viel Wert legte der Bauherr auf den Faktor »Repräsentation«: Als Mainzer Kurfürst und Erzbischof sah er sich in der Rolle eines gehobenen Gastgebers, der auch für hochadligen, gar kaiserlichen Besuch vorbereitet sein musste. Im zweiten Obergeschoss waren dafür ein Kaiserappartement mit einer festen Zimmerfolge an Vor-, Audienz- und Schlafzimmer, Schreibkabinett sowie für offizielle Empfänge und Galas ein festlicher Kaisersaal vorgesehen.

Um diese Räume zu erschließen, benötigte man selbstverständlich auch ein standesgemäßes Treppenhaus. Lothar Franz ließ die ursprünglich im alten Gebäudeteil liegende Haupttreppe 1698 in den Neubau verlegen. Sie sollte nämlich – wie schon in Gaibach – in die Hauptraumfolge eingebunden und als eigenständiger Repräsentationsraum genutzt werden können. Von der Einfahrt sollte sie direkt zum Hauptsaal im zweiten Stock und den angrenzenden Kaiserzimmern führen. Dientzenhofer plante Großes: Um einen offenen, längsrechteckigen Kern gruppierte er die Treppenläufe, die von sechs Pfeilern und mit Hilfe ansteigender Arkaden getragen wurden. So ergaben sich beim Hinaufsteigen zahlreiche Durch- und Ausblicke, die das lichtdurchflutete Treppenhaus selbst zum Erlebnisraum machten. Ob und mit welchem Skulpturen- und Freskenprogramm das prächtige Entrée ausgeschmückt werden sollte, ist indes nicht überliefert. Es blieb in seiner formalen Anlage und weißen Stuckierung noch relativ schlicht, denn die Befindlichkeiten des Domkapitels und die leeren Kassen nach Ausbruch des Spanischen Erbfolgekrieges (1701–1714) musste Lothar Franz trotz seiner zahlreichen Wünsche im Blick behalten. So konnte er sich einige bauliche Extravaganzen nicht erfüllen: Ein dritter Residenzflügel, der zusammen mit dem Eingangs- und Stadtflügel eine Ehrenhofanlage nach französischem Vorbild gebildet und gravierende Einschnitte in der Alten Hofhaltung erfordert hätte, kam aus Kostengründen nicht zustande. Es blieb bei dem langgestreckten L-förmigen Bau, der noch heute zu sehen ist. Ab 1703 mussten die Bauarbeiten zeitweilig eingestellt werden.

Seit Gründung des Bistums Bamberg 1007 residierten Domherren und Bischöfe in Gebäudekomplexen neben dem Dom. Reste davon sind in der Alten Hofhaltung mit ihrem spätgotischen Fachwerkhof bis heute erhalten.

Umso stärker konzentrierte sich Lothar Franz auf den qualitätvollen Innenausbau, auch wenn er schleppend voran ging. Kaisersaal und Kaiserzimmer wurden mit Stuck und Deckenbildern fürstlich ausgeschmückt. Auf den italienischen Perspektivmaler Andrea Pozzo, ein Meister seines Faches, verzichtete er wegen dessen hoher Honorarforderungen und engagierte lieber den in München ansässigen Tiroler Maler Melchior Steidl zur Ausmalung des Kaisersaals. Das zentrale Deckengemälde zeigt den »Triumph der Weisheit im Heiligen Römischen Reich«, durch die sich die Herrschaft des Kaisers auszeichnet und legitimiert. Während die Wände und Pfeiler des Raums in der unteren Zone den Stammbaum Habsburgs verklären und die Ecken der Saaldecke die vier Weltmonarchien der Assyrer, Perser, Makedonier und Römer zeigen, triumphiert im Zentrum das »gute Regieren« durch die Personifikation der Weisheit, deren Wagen der berittene Kaiser mit dem

Lorbeerkranz folgt. Die sieben Weisen des Alten Testaments, bärtige Männer in weiten Gewändern, denen die Personifikationen der Künste und Wissenschaften voranschreiten, führen den Zug an. Über dem Triumphzug verkündet die »Fama« mit ihrer Posaune das »gute Regiment«. Allegorien von Gerechtigkeit, Stärke, Überfluss, Frieden, Milde und Freigebigkeit begleiten den gesamten Zug. Eine Tafel in den Händen der Weisheit erklärt noch einmal deutlich in den Worten des römischen Dichters Vergil, worauf es beim Herrschen ankomme: »Unterworfene zu schonen und Aufsässige niederzukämpfen – das sind meine Grundsätze«. Nur der tugendhafte Kaiser ist ein gerechter Kaiser – und den dafür nötigen Tugendkanon, so die unausgesprochene Botschaft, vermittelt die Kirche. Im kirchlichen Krönungszeremoniell kam dies besonders deutlich zum Ausdruck, wenn die Weisheit Salomons durch biblische Sprüche immer wieder auf den zu weihenden Kandidaten herabgefleht wurde.

Noch deutlicher in seiner politischen Aussage wird das Deckenbild im Audienzzimmer: Im zentralen Hauptgemälde tragen geflügelte Frauengestalten – Ruhm und Tugend – ein Medaillon mit dem Abbild des künftigen Kaisers Joseph I. hoch in den Wolkenhimmel. Unter dem Medaillon sitzen vier Frauen mit Wappenschilden als Personifikationen der von den Habsburgern beherrschten Länder Österreich, Böhmen, Ungarn und Bosnien. Interessant ist jedoch die links davon platzierte zweite Figurengruppe, die dem Habsburger die Huldigung erweist: Die Frau im Hermelinmantel repräsentiert die Fürsten und Kurfürsten des Reiches und nimmt mit der Devise des an ihre Knie gelehnten Schildes »Pro Caesare et patria« (Für Kaiser und Vaterland) unmittelbar Bezug auf Schönborns politisches Motto. Die auf dem Schild gezeigten, sich einander reichenden Hände symbolisieren den freiwilligen, »ewigen« Bund zwischen Kurfürsten und habsburgischem Kaiserhaus – vermittelt natürlich vom Mainzer Erzbischof. Eine goldgewandete Frau mit Mauerkrone auf dem Haupt – Sinnbild der Städte des Reiches und insbesondere der Stadt Augsburg, wo Joseph I. 1690 zum König gewählt und

Die Deckengemälde der Bamberger Residenz feiern die enge Bindung zwischen Kaiser, Kurfürsten und Reich. Dies entsprach den politischen Vorstellungen der Schönborns.

gekrönt worden war – bietet auf einem roten Kissen den Reichsapfel bzw. die Weltkugel dar und spielt damit auf die Universalherrschaft des Kaiserhauses an. Die Feinde der Habsburger, Frankreich, aufständische ungarische Kuruzen und die Osmanen, werden dagegen allegorisch auf der rechten Bildseite von Jupiter mit Blitzen zerschmettert.

Mit diesem Bildprogramm beschwört Lothar Franz zu Beginn des Spanischen Erbfolgekrieges das enge Zusammenwirken von Kaiser und Fürsten zur Verteidigung des Reiches. Die Herrschaft ist dem Kaiser aber nur durch freiwilligen Entschluss der Reichsstände angetragen – in der Hoffnung auf Gefahrenabwehr nach außen sowie eine gerechte Führung unter Wahrung ständischer Freiheiten im Inneren. Schönborn erinnert den Kaiser damit eindrucksvoll an das Prinzip der Wahlmonarchie, das im Reich herrscht. Ohne Fürsten kein Kaiser, ohne Schönborn keine Krönung!

SCHLOSS WEISSENSTEIN BEI POMMERSFELDEN

Am ungestörtesten konnte Lothar Franz seine künstlerischen Pläne auf seinem Lustschloss Pommersfelden bei Bamberg umsetzen. Seinen ganzen Ehrgeiz und insbesondere die vom Kaiser anlässlich der Krönung gewährte stattliche Geldsumme von 150.000 Gulden investierte er in dieses Prestigeobjekt. Von einer Renovierung des bereits vorhandenen am Ortsrand der oberfränkischen Gemeinde liegenden, leider völlig maroden Wasserschlösschens sah er rasch ab, sobald er das Geld von der Kaiserkrönung in der Tasche hatte. Es gleiche einer Räuberhöhle, klagte er seinem Neffen in Wien, und sei so morsch, dass man die Wände »mit den Händen allein abreißen« könne. So entschloss er sich zu einem völligen Neubau auf einer leichten Anhöhe außerhalb des Ortes. Als Architekten und Baumeister berief er Johann Dientzenhofer, Bruder und ehemaliger Polier Leonhard Dientzenhofers, der 1707 gestorben war. Doch von Anfang an mischte der Fürstbischof bei der Planungsar-

Lothar Franz von Schönborn trieb den Aus- und Weiterbau der Neuen Residenz in Bamberg nach seiner Wahl zum Kurfürst-Erzbischof von Mainz energisch voran. Er beauftragte damit seinen bevorzugten Hofbaumeister Leonhard Dientzenhofer.

beit selbst kräftig mit und bezog auch noch seinen Neffen, den in Wien residierenden Reichsvizekanzler Friedrich Karl, mit ein, der sich zur selben Zeit vom kaiserlichen »Star-Architekten« Lucas von Hildebrandt in seiner Herrschaft Göllersdorf ein mondänes Schloss errichten ließ. Ein reger Briefaustausch zwischen Onkel und Neffe setzte ein, wobei Friedrich Karl immer wieder für die Hinzuziehung seines eigenen Architekten und dessen Ideen vom imperialen Bauen plädierte. Mehrfach beschwor er seinen Onkel, »umb Gottes Willen sich nicht zu übereilen in dem Bau« und den »lieben Jean Lucca« – gemeint war Hildebrandt – zu Rate zu ziehen. Der selbstbewusste Kurfürst wollte sich andererseits aber nicht zu sehr dreinreden lassen, vielmehr »etwas sehr eigenwillig Großartiges« schaffen, »was dem theutschen Gusto« entsprach. Berater hatte er in seinem Hofstab genügend zur Hand: so die Architekten Hans Georg von Rotenhan, Philipp Christoph von Erthal oder Maximilian von Welsch, der eigentlich Festungsbaumeister war. Die organisatorische Bauleitung übernahm der Jesuitenpater Nikolaus Loyson. An Ratschlägen mangelte es ganz gewiss nicht.

Johann Dientzenhofer wird seine liebe Not gehabt haben, die unterschiedlichen Wünsche und Vorstellungen seiner Kundschaft zu befriedigen und in die Pläne immer wieder einzuarbeiten. Er selbst stammte aus dem Handwerkerstand und stand – ganz im Gegensatz zu seinen Auftraggebern – weit unten in der sozialen Hierarchie, was er auch zu spüren bekam. 1713 schickte ihn Friedrich Karl gar nach Wien, wo er sich aber völlig mit Hildebrandt überwarf, obwohl ihn der Reichsvizekanzler ständig »mit Jean Lucca wieder verkuppeln« wollte.

Dientzenhofer gelang erstaunlicherweise dennoch das Kunststück, in der Rekordbauzeit von sieben Jahren zwischen 1711 und 1718 den Neubau von Schloss Pommersfelden in die Landschaft zu setzen – eine gewaltige mehrgeschossige Dreiflügelanlage mit monumentalem Mittelbau und weiteren Eckpavillons an den Enden der Seiten- und des Hauptflügels. Weit ragt dabei der Mittelbau in den Innenhof hinein, denn er beherbergt das Herzstück der gesamten Anlage: das Treppenhaus.

Ort des höfischen Zeremoniells: Das Treppenhaus

»Meine Stieg aber muss bleiben, als welche von meiner Invention und mein Meisterstück ist« – darauf hatte Lothar Franz bei allen Diskussionen mit Wien um den Neubau seines kleinen »oberfränkischen Versailles« bestanden. Er wollte ein repräsentatives Treppenhaus nach seinen Vorstellungen bauen und bekam es auch. 18,20 Meter breit und 21 Meter lang nimmt es in Pommersfelden etwa zwei Drittel des gesamten Mittelpavillons ein. Über drei Geschosse frei in den Raum gestellt, verbindet es das Erdgeschoss mit den im ersten Obergeschoss, dem Piano nobile, befindlichen Prunkräumen. Die zweiläufige Treppe mit je drei Armen und zwei Eckpodesten wird von Steinbalustraden gesäumt sowie von einem durchfensterten Säulenumgang im ersten und einem Arkadenumgang im zweiten Obergeschoss umgeben. In seiner Anlage vereint es damit zwei verschiedene Bautraditionen: die des von mehrgeschossigen Galerien umgebenen Schlosshofs und die der zweiarmigen, durch Podeste unterbrochenen Freitreppe. Damit erhielt das Treppenhaus den Charakter einer Bühne, auf dem sich das Empfangszeremoniell abspielen konnte. Der »überdachte Hof« bot genügend Raum und Schutz vor der Witterung, um die Begegnung des Hausherrn mit seinem Gast standesgemäß zu zelebrieren. Vorbild dafür war vermutlich die Gesandtentreppe im Schloss Versailles, die heute nicht mehr erhalten ist. Das Treppenhaus wandelte sich damit zu einem Ort der Repräsentation, das nicht nur den hohen Rang des Bauherrn abbilden, sondern durch sein Ausstattungsprogramm gleichzeitig auch politische Aussagen vermitteln sollte.

Lothar Franz erwies sich in Pommersfelden als geschickter Regisseur in eigener Sache: Der Aufstieg zu seinen Prunkräumen im ersten Obergeschoss sollte den Weg des griechischen Halbgottes Herkules nachzeichnen, der im Mythos durch eine Reihe von helden-

Im Treppenhaus von Pommersfelden konnten Gäste im fein abgestuften Begrüßungszeremoniell des Barock ihrem Rang entsprechend empfangen werden. Im Deckengemälde darüber ging die Sonne der kaiserlichen Herrschaft auf.

haften Taten zur Unsterblichkeit gelangt und auf den Olymp entrückt wird. Dass auch der Kurfürst sich im engen Zusammenwirken mit der kaiserlichen Majestät durch Tugendtaten ewigen Ruhm erwarb, der ihn vor dem Vergessen bewahrte, sollte im Treppenhaus würdige Darstellung finden: Der Fürstbischof sah sich in der Rolle des »fränkischen Herkules«, der sich im Glanz der kaiserlichen Sonne bewegte.

So führte der Weg des Besuchers zunächst in den dunkleren Eingangsbereich des Treppenhauses im Erdgeschoss, an den ein mit Tuff, Muscheln, Schnecken und Spiegelstücken verzierter, grottenartig anmutender Gartensaal anschloss. Diese Sala terrena, die sich zum Garten hin öffnete, war in ihrer dunklen Kühle ganz dem irdischen Bereich der »ungezähmten Natur« zuzuordnen. Aus dieser Zone gelangte der Gast über die beiden Treppenanstiege nach und nach hinauf zum lichterhellten Piano nobile, wo ihm die Schauräume Vestibül, Marmorsaal, Spiegelkabinett und Gemäldegalerie Reichtum und Kultiviertheit seines Gastgebers vor Augen führten. Aus den Niederungen des irdischen Lebens steigt er in die lichte Höhe der zivilisierten, von Fürsten- und Kaiserhand geordneten Welt.

Das zentrale, den Kernraum überspannende Deckengemälde von Johann Rudolf Byss griff diesen Gedanken auf: Es zeigt Apoll als Gott der Tugend im Kreise der Planetengötter – um den von vier Pferden gezogenen Sonnenwagen Apolls gruppiert sich eine ganze Reihe von olympischen Göttern wie Aurora, Diana, Merkur, die gleichzeitig für die Gestirne des Firmaments stehen. Unterhalb der himmlischen Zone bewegen sich, abgetrennt durch Architekturmalereien, die Repräsentanten der vier Erdteile Europa, Amerika, Afrika und Asien. So wie die Sonne im Fresko aufgeht und die Nacht beendet, so geht die Sonne der kaiserlichen Macht auch im übertragenen Sinne über der irdischen Welt auf.

Im großen Festsaal des Schlosses, dem Marmorsaal, wird die »gute Herrschaft« durch das Deckenfresko von Johann Michael Rottmayr weiter verherrlicht, indem es den Aufbruch Auroras, der Morgenröte, umgeben von den Herrschertugenden der Gerechtigkeit, Stärke, Fleiß und Weisheit kunstvoll in Szene setzt. In der unteren Zone stürzen dagegen finstere Gestalten in den Abgrund, die man über ihre Attribute als die sieben Todsünden identifizieren kann.

Franz Lothar wird offenbar nicht müde zu betonen, auf welchen Grundpfeilern die Herrschaft des Kaisers beruht und an welche Tugenden er bei der Ausubung der Herrschaft gebunden ist. Welche Rolle der Geistlichkeit bei dieser Vermittlungsarbeit zukommt, vergisst er ebenfalls nicht zu betonen: In der allegorischen Verkleidung des Herkules lässt er sich selbst in vielen Deckengemälden, vor allem aber im Vestibül, das den Zutritt zum Marmorsaal gewährt, als wahren Tugendhelden feiern. Die »Belohnung des Herkules« zeigt den in ein Löwenfell gekleideten Helden vor der knienden Figur des Überflusses, die ihm aus ihrem Füllhorn drei goldene, die Unsterblichkeit gewährende Äpfel reicht. Die hinzutretende Allegorie der Gloria übergibt Herkules einen Lorbeerkranz als Dank für seine Taten. Die Szene nimmt direkten Bezug auf die reale Belohnung des Mainzer Kurfürsten durch den Kaiser als Dank für die erfolgreiche Kür, die den Bau des Schlosses von Pommersfelden erst möglich gemacht hat. In den Augen des Beschenkten erfolgte der Gnadenerweis dabei völlig zu Recht, hatte er die Sonne der kaiserlichen Majestät durch die Krönung doch erst zur vollen Geltung gebracht. So wurde gerade das Vestibül zu einem »Ruhmestempel« für Lothar Franz gemacht.

Mit der Anlage, zu der auch noch ein prachtvoller Barockgarten nach den Plänen von Maximilian Welsch gehörte, setzte sich Lothar Franz von Schönborn sein eigenes Denkmal. »Gewiss wird dieses die schönste Einfahrt, Vestibulum, Stiegen und Saal in der Welt werden«, hatte Friedrich Karl schon vor Vollendung des Schlosses prophezeit. Er sollte Recht behalten. Zeitgenössische Besucher, darunter Gäste aus dem

Die monetäre Belohnung für die Kaiserwahl Karls VI. investierte Lothar Franz von Schönborn umgehend in den Bau von Schloss Pommersfelden. Seine künstlerischen Ansprüche konnte er hier am reinsten umsetzen.

Ausland wie der französische Architekt Germain Boffrand, zeigten sich überwältigt von der Pracht des Schlosses, das ja eigentlich eine Privatresidenz und für kaiserliche Empfänge gar nicht vorgesehen war. Die offizielle Bischofsresidenz war schließlich Bamberg. Ob Lothar Franz seine privaten Gäste mit so großem Zeremoniell empfing, dass ein solch stattliches Treppenhaus erforderlich war, ist gar nicht überliefert. Zumindest diente es seiner eigenen ästhetischen Befriedigung. Den Ruhm Pommersfeldens verbreiteten nicht zuletzt die 1724 bei dem Augsburger Vedutenzeichner Salomon Kleiner in Auftrag gegebenen detaillierten Zeichnungen, die als Vorlage für spätere Kupferstichausgaben dienten. Die Schönbornschlösser und -gärten wurden so in der europäischen Kunstwelt bekannt und dienten damit der Selbstdarstellung dieser Familie.

DIE GEMÄLDEGALERIE IN POMMERSFELDEN

Lothar Franz erlag nicht nur dem »Bauwurmb«, sondern auch seiner Sammelwut. Leidenschaftlich gerne erwarb er Gemälde, für die er in seinem Schloss in Pommersfelden eine weitläufige Galerie errichten ließ. Sein Ehrgeiz trieb ihn, es mit

Die Baumeisterbrüder Dientzenhofer

Die kinderreiche Familie der Dientzenhofer stammte ursprünglich aus dem Landkreis Rosenheim, wo sie einen Bauernhof bewirtschaftete. Da der Hof keine großen Erträge erbrachte, mussten alle Kinder, darunter die fünf später als Baumeister bekannten Söhne, in die Ferne ziehen und einen Handwerksberuf erlernen. Georg, Wolfgang, Christoph, Leonhard und Johann entschieden sich für das Maurerhandwerk.

Über Prag und die Oberpfalz kamen sie schließlich nach Bamberg, wo der älteste der Baumeisterbrüder, Georg, den Neubau der Jesuitenkirche (heute St. Martin) in Angriff nahm. Seinen jüngeren Bruder Leonhard holte er zu Hilfe – und der blieb prompt in Bamberg »hängen«. Er erwarb 1686 das Bamberger Bürgerrecht und weckte aufgrund seiner Begabung das Interesse des Fürstbischofs Lothar Franz von Schönborn, der ihn 1690 zu seinem Hofbaumeister machte und mit dem Ausbau der Bamberger Residenz beauftragte.

Leonhard arbeitete in Bamberg nicht nur an der Residenz, sondern auch für das Kloster auf dem Michelsberg und die Karmeliter sowie für Schloss Gaibach und diverse Klöster wie Banz, Ebrach und Langheim. Für die vielfältigen Aufgaben benötigte er die Hilfe seines jüngeren Bruders Johann, den er als Polier beschäftigte und der ihn nach seinem frühen Tod 1707 schließlich als Bamberger Hofbaumeister auch »beerbte«.

Lothar Franz förderte Johanns Talent, indem er ihm eine Studienreise nach Italien ermöglichte und danach einen Großauftrag, den Bau des Fuldaer Domes, vermittelte. Johann Dientzenhofer blieb als Stiftsbaumeister zunächst in Fuldaer Diensten, bevor ihm der Fürstbischof 1711 sein größtes Prestigeobjekt, den Bau von Schloss Weißenstein bei Pommersfelden, übertrug. Lothar Franz scheint höchst zufrieden mit der Leistung seines Hofbaumeisters gewesen zu sein, denn er empfahl ihn auch nach Würzburg für den Bau der dortigen

Residenz unter Regie von Balthasar Neumann. Von 1720 bis 1723 arbeitete Dientzenhofer daher in Würzburg. Seine Gesundheit litt jedoch unter der enormen Arbeitsbelastung Ab 1721 ging er am Stock. Eisern hielt Dientzenhofer bis 1726 durch, bevor er am 20. Juli unermüdlich schaffend in Bamberg verstarb.

weltlichen Fürsten wie Johann Wilhelm von der Pfalz oder dem Landgrafen Karl von Hessen-Kassel aufzunehmen, denn eine exklusive Gemäldesammlung bewies nicht nur den Reichtum, sondern auch das Kunstverständnis und das gesellschaftliche Ansehen ihres Besitzers. Da Schnäppchen auf dem Kunstmarkt selten waren, brauchte man neben Geld und Geschmack auch internationale Kontakte, um Kunstwerke von Rang ankaufen zu können.

Für seine Sammelleidenschaft spannte Lothar Franz die ganze Familie ein, insbesondere seinen Lieblingsneffen Friedrich Karl, der in der Kunststadt Wien an der Quelle saß. Wie glücklich war der Fürstbischof über den Vorschlag des Reichsvizekanzlers, den venezianischen Baron von Tassis in den Grafenstand zu erheben und dafür »ein halb Dutzend der schönsten italienischen Gemäld« einzuhandeln – eine Aussicht, die Lothar Franz ganz »vergnüget« machte. Aber auch der kurmainzische Resident in Rom, Abbate Melchiori, wurde 1706 angewiesen, schöne, seltene, aber nicht zu große und zu teure Bilder zu besorgen. In Rom hörte sich zudem Franz Georg, der spätere Kurfürst und Erzbischof von Trier, um; in Turin sondierte Rudolf Franz Erwein das Terrain, und der spätere Kardinal Hugo Damian warf bei seinem Besuch in Berlin einen Blick in die dortigen Galerien.

Als ausgewiesenen Experten, Restaurator und Konservator nahm Lothar Franz für seine wachsende Gemäldesammlung 1706 den flandrischen Maler und Kunstagenten Jan Jost van Cossiau in seinen Dienst, der bereits weitläufige Erfahrungen aus Paris, Rom und Frankfurt am Main mitbrachte und zuletzt für den Baron von Thurn und Taxis gearbeitet hatte. Cossiau blieb bis zu seinem Tod 1732 am Hof des Fürstbischofs und unternahm mehrere Auslandsreisen, um Käufe für ihn zu tätigen oder zu vermitteln.

Zunächst hatte man die Gemälde in Gaibach untergebracht, doch mit dem Bau von Schloss Pommersfelden hatte sich die Möglichkeit aufgetan, eine neue und repräsentative Galerie für die Kunstwerke einzurichten. Der Bauherr hatte sie zu »seiner Freud und Gemächlichkeit« im Ostflügel in unmittelbarer Nähe zu seinen eigenen Privatgemächern geplant – natürlich wieder in regem Gedankenaustausch mit dem Neffen in Wien. Gebaut worden war ein langgestreckter Galerieraum mit sieben Fensterachsen zum Hof, der über zwei Geschosse ging. Von der Hauptstiege gab es einen direkten Zugang für Besucher, denn die darin enthaltenen Kunstschätze sollten schließlich den Ruhm des Sammlers verbreiten. An die Galerie schloss ein kleineres Kabinett an, damit der von der Bilder-Flut der großen Galerie überwältigte Gast in Ruhe in einem intimeren Raum die »kleineren raren Stücke« des fürstlichen Sammlers betrachten konnte. Lothar Franz war stolz auf »die kleinen schönen Malereien, von denen ich eine Menge habe«.

Ungeduldig hatte der Fürstbischof die Fertigstellung seiner Galerie erwartet. 1715 konnte er endlich den Großteil seiner zu diesem Zeitpunkt wohl rund 1.000 Gemälde umfassenden Sammlung nach Pommersfelden überführen. Dem Neffen in Wien meldete er stolz Vollzug: »Die Galerie ist aufgehängt, und zwar über alles Lob geschickt.« Im Stil der Zeit hängte man die Gemälde bunt über- und nebeneinander, da es gar nicht so sehr auf das Erkennen des Einzelbildes ankam, sondern auf die prachtvolle Präsentation der Masse – niederländische Malerei, italienische und deutsche; Historienbilder, religiöse Erbauungsbilder, Porträts, Landschaftsmalereien und Stillleben. Große Namen wie Dürer, Rubens, Artemisia Gentileschi, Tizian oder van Dyk waren darunter, aber auch viele Auftragsarbeiten zeitgenössischer Maler wie der beiden in Wien tätigen Künstler Frans von Stampart und Peter von Strudel oder der Italiener Carlo Maratta und Francesco Trevisani. Bis heute ist die umfangreiche Sammlung – trotz Dezimierungen im Laufe der Zeit – die größte barocke Gemäldesammlung in Privatbesitz geblieben.

Der Schweizer Maler Johann Rudolf Byss, den Lothar Franz sehr schätzte, 1713 zu seinem Hofmaler ernannte und mit der Betreuung der Galerie betraute, fertigte 1719 einen Katalog der Werke an, wobei er rund 500 Gemälde im ganzen Schloss aufführte – 146 in der Galerie, 75 Bilder im Kabinett, 28 im Audienzzimmer, im Schlafzimmer 10, die anderen in weiteren Zimmer und der Schlosskapelle verteilt –, und setzte diesen umfangreichen Bestand mit den großen Sammlungen des Hauses Habsburg gleich, was sicher keine Übertreibung war. Dennoch legte sich ein Schatten über die kurfürstliche Leidenschaft: Sie war exorbitant teuer und belastete die Haushaltkassen. So manchen Ankauf musste sich der Kurfürst wegen der »Klemmigkeit des Geldes« verkneifen. 1724 zwang ihn die Lage, eine Hypothek in Höhe von 120.000 Gulden auf Gaibach und Pommersfelden aufzunehmen. Hinter vorgehaltener Hand flüsterte man gar von Bankrott. Phasenweise dachte Lothar Franz sogar daran, Teile seiner Gemäldesammlung an Kurfürst August den Starken von Sachsen zu verkaufen. Dies konnte er zwar im letzten Moment noch abwenden, aber die »besondere Schwernus seiner Beutel« ließ nicht nach. Seinem Erben Friedrich Karl hinterließ er daher nach seinem Tod 1729 nicht nur das stolze Anwesen von Pommersfelden, sondern auch einen stattlichen Schuldenberg von über 860.000 Gulden.

5. An allen Ecken und Enden ein Schönborn: Die dritte Generation

DIE SIEBEN NEFFEN LOTHAR FRANZ VON SCHÖNBORNS

Zur Nachwuchsförderung hatte Lothar Franz reichlich Möglichkeit. Sein Bruder Melchior Friedrich, der als Mainzer Vizedom in Aschaffenburg lebte, hatte mit seiner Gattin Sophia von Boineburg, Tochter des angesehenen Mainzer Oberhofmarschalls und Rats Johann Christian von Boineburg, sage und schreibe 18 Kinder in die Welt gesetzt, von denen immerhin 14 überlebten: sieben Schwestern und sieben Brüder.

An ihrem Schicksal nahm Lothar Franz regen Anteil. Als Familienoberhaupt behielt er alles im Blick – von der Ausbildung der männlichen Verwandten bis zur standesgemäßen Verheiratung der Mädchen. Widerstand war zwecklos; von allen Familienmitgliedern wurden höchste Selbstdisziplin und die Bereitschaft, sich dem Wohl des Gesamthauses unterzuordnen, erwartet. Sämtliche Kinder erhielten eine strenge, auf Leistungsbereitschaft und persönliche Frömmigkeit ausgerichtete Erziehung. Wie aus einer von Melchior Friedrich selbst verfassten Erziehungsordnung für einen seiner Söhne hervorgeht, wurde um fünf Uhr morgens aufgestanden, bis um neun Uhr der Lernstoff vom Vortag wiederholt, ab 10.30 der neue Stoff vermittelt, nachmittags Musik und Französisch gelernt; ab 15 Uhr wurden juristische Studien betrieben. Die Schulen der Jesuiten entsprachen ganz diesem Leistungsmodell, weshalb die Schönborn-Söhne bevorzugt in das Kolleg nach Aschaffenburg geschickt wurden.

AUSBILDUNG UND PLANMÄSSIGE »VERTEILUNG« AUF DOMKAPITEL UND BISCHOFSSTÜHLE

Alle sieben Neffen erhielten zudem eine Universitätsausbildung. Ihre Studienorte zählten zu den renommiertesten ihrer Art: Mainz, Würzburg, Paris, Salzburg, Siena, Leiden, Löwen und Rom, wo vor allem das Jesuitenkolleg, das Collegium Germanicum, zur beliebten Anlaufstelle wurde. An der Universität Leiden hatten die Schönborns zudem Gelegenheit, erstklassige Rechtsstudien zu betreiben, lehrten dort doch so angesehene Juristen wie Hugo Grotius. Anschließend unternahmen sie Kavalierstouren durch Italien, Frankreich, England und die Niederlande, um nützliche Bekanntschaften zu schließen und Weltläufigkeit zu erreichen. Die Ausbildung kostete die Familie ein kleines Vermögen. Immerhin gelang es durch die Patronage des berühmten Onkels, günstige Pfründen in der Reichskirche zu ergattern.

Die beiden ältesten, Johann Philipp Franz und Friedrich Karl, konnte bereits in jungen Jahren in den Domstiften untergebracht werden. Johann Philipp Franz, 1673 in Würzburg geboren, erhielt schon als Kind Pfründen in den Domstiften von Würzburg, Mainz, Bamberg und in St. Alban in Mainz. Seine Schullaufbahn begann er am Jesuitengymnasium in Aschaffenburg, danach wechselte er an die Universitäten von Würzburg und Mainz. Eine dreijährige Kavalierstour führte ihn gemeinsam mit seinem jüngeren Bruder Friedrich Karl nach Rom, wo beide am Collegium Germanicum Theologie und Kirchenrecht studierten, und danach zu weiteren Studien an die Universität von Wien. Eine weitere Bildungsreise im Anschluss brachte die Schönborn-Brüder in die Niederlande und bis nach Versailles an den französischen Königshof.

Dank des intensiven Einsatzes seines Onkels bekam Johann Philipp Franz lukrative Propsteien zugeschanzt: im Bartholomäusstift in Frankfurt sowie in den Domstiften von Würzburg und Mainz. Lothar Franz scheute nicht zurück, sogar den Papst einzuschalten, um seinem Neffen die gewünschten Stellen zu verschaffen. Der Göttweiger Abt Gottfried Bessel leistete dazu »Schützenhilfe«. Dieser offensive Nepotismus verursachte andererseits auch lang nachwirkende Verstimmungen in den Domkapiteln. Erschwerend kam hinzu, dass sich Johann Philipp Franz durch seine Verschwendungssucht selbst ein Bein stellte: Im Vorfeld der Würzburger Bischofswahl beschied man ihm, dass er wegen seines luxuriösen

Lebensstils und seiner Schulden nicht als »episkopabel« gelte. Auch Lothar Franz erkannte die Mängel seines Neffen, die in seiner hochfahrenden Art (»seinem gewöhnlichen Eifer nach allzu hitzig«), seiner Sturheit und maßlosen Eitelkeit bestanden: »Gott hat diesen Mann wohl zu der Familien Unglück auf die Welt geschickt«, klagte er. Nichtsdestotrotz musste er ihn 1719 zum Bischof von Würzburg weihen.

Friedrich Karl – der Jubilar, der am 3. März 2024 seinen 350. Geburtstag feiert – wurde am 5. März 1674 in Mainz getauft, zunächst noch als Kind in den Domstiften von Würzburg und Bamberg untergebracht und als Jugendlicher in das angesehene Stift St. Burkhard in Würzburg aufgenommen. Seine erste Schulausbildung erhielt er am Jesuitenkolleg in Aschaffenburg, später studierte er in Würzburg und Mainz sowie am Collegium Germanicum in Rom Theologie und Recht – wie auch sein älterer Bruder. 1694 ging er mit diesem zum Studium nach Wien und absolvierte die gemeinsame Kavalierstour.

Da er sich als fähig erwies, sah ihn sein Onkel nach Beendigung des Studiums und ersten Bewährungsproben im kurmainzischen Gesandtschaftsdienst, die ihn u. a. nach Dresden führten, für Höheres vor: Er sollte am Kaiserhof die Interessen des Reiches und der Reichskirche zu Gehör bringen. Da 1705 die Stelle des Reichsvizekanzlers frei wurde, nahm der Mainzer Kurfürst sein Präsentationsrecht wahr und schlug seinen Neffen als Nachfolger vor. Gegen den harschen Widerstand einiger Hofkreise, die den kurpfälzischen Kandidaten Philipp Ludwig Graf von Sinzendorf protegierten, setzte Lothar Franz seinen Lieblingsneffen durch und besaß damit über Jahre hinweg einen wichtigen Vertrauensmann in unmittelbarer Umgebung des Kaisers. Dadurch ergab sich ein enges Arbeits- und Vertrauensverhältnis zwischen Onkel und Neffe, das sich in einem regen Briefwechsel niederschlug, der glatte 29 Bände füllte. 1708 zahlte sich das gute Einvernehmen zu seinem Onkel aus: Friedrich Karl wurde dank der Initiative seines Onkels, der Fürsprache des Kaisers und der tatkräftigen Unterstützung seines Bruders, des Domkapitulars Johann Philipp Franz, durch einstimmiges Votum

Damian Hugo Philipp von Schönborn schaffte es als einziger Vertreter der Familie zum Kardinal. Etwas spöttisch – oder auch neidisch – nannte man ihn »das rote Käppel«. Obwohl er an mehreren Konklaven teilnahm, hatte er selbst nie Aussicht darauf, zum Papst gewählt zu werden.

des Domkapitels zu Bamberg zum Koadjutor Lothar Franzens mit dem Recht der Nachfolge gewählt. Allzu gerne hätte ihn sein Onkel auch als seinen Nachfolger in Mainz installiert, doch hier entschieden sich die Domkapitulare 1710 für den zum zweiten Mal antretenden und von gewichtigen Teilen des Kaiserhofes unterstützten Kandidaten Franz Ludwig aus dem Haus Pfalz-Neuburg, der gleichzeitig ein Schwager des Kaisers war. So musste Lothar Franz schweren Herzens nachgeben und damit zufrieden sein, zumindest seine Nachfolge in

Bamberg geregelt zu haben. Er spendete Friedrich Karl persönlich 1728 in der Kapelle seines Mainzer Lustschlosses Favorite die Priester- und zehn Tage später in der Mainzer Hofkirche St. Gangolph die Bischofsweihe. Als Lothar Franz kurz danach im Januar 1729 starb, vollzog sich seine Nachfolge im Bistum Bamberg reibungslos.

Für Damian Hugo Philipp zeichnete sich zunächst keine grandiose Kirchenkarriere ab. Er trat dem Deutschen Orden bei und übernahm Ordensämter unter anderem in Marburg und in den Niederlanden. Als Gesandter des Deutschordens und Geheimer Rat des Deutschmeisters verdiente er sich erste Meriten. 1705 kam er fast zur selben Zeit wie Friedrich Karl nach Wien, wo der Kaiser auf ihn aufmerksam wurde und ihn als Gesandten mehrmals nach Norddeutschland, unter anderem nach Berlin, schickte. Kaiser Karl VI. war es auch, der den Vorschlag des polnischen Wahlkönigs August des Starken unterstützte, Damian Hugo Philipp dem Papst als Kardinal zu empfehlen. Mit vereinten Kräften durch den Mainzer Kurfürsten Lothar Franz und den Reichsvizekanzler Friedrich Karl wurde er 1715 zum Kardinal erhoben und war damit der ranghöchste kirchliche Würdenträger unter den Schönborn-Brüdern. Danach ging es steil bergauf: Er wurde Abt von Stablo, 1719 Fürstbischof von Speyer, 1723 Koadjutor in Konstanz, 1740 dann Bischof von Konstanz. Wegen Problemen mit der Reichsstadt Speyer ließ sich Damian Hugo Philipp in Bruchsal ab 1720 nach Entwürfen des Mainzer Architekten Maximilian Welsch eine neue Residenz errichten, für die er nicht weniger Leidenschaft entwickelte als sein Onkel und seine Brüder für ihre Bauprojekte in Bamberg und Würzburg. Nach Problemen mit der Bauausführung zog er den bewährten Balthasar Neumann zu Rate, der ihm insbesondere das bereits begonnene Treppenhaus »rettete« und diesem mit einer genialen Idee zu eigenständigem Glanz verhalf: Von zwei seitlichen Lichthöfen aus führt der Architekt über elliptischem Grundriss zwei gekurvte Treppenläufe in die Höhe, die sich im Hauptgeschoss unter einem hellen Ovalkuppelsaal vereinen. Von dort aus geht es in die Prunkräume.

Die beiden jüngsten Brüder Franz Georg und Marquard Wilhelm legten ebenfalls gediegene Kirchenkarrieren hin: Franz Georg hielt Präbenden in Mainz, Trier, Speyer und Köln und stieg in Trier Stufe für Stufe in der Rangskala empor, bis er 1729 zum Kurfürsten und Erzbischof von Trier gewählt wurde. Dabei trat er in die Nachfolge von Franz Ludwig von Pfalz-Neuburg, der zugunsten seiner Mainzer Wahl resignierte. 1732 wurde er zusätzlich noch Bischof von Worms und Propst von Ellwangen, weitere hochrangige Ämter wie das des Stiftspropstes von St. Moritz in Augsburg und andere kamen hinzu. Auch er stand im Bann des Schönbornschen »Bauwurmbs« und hinterließ dem Rheingebiet bedeutende Bauwerke.

Weniger erfolgreich war Marquard Wilhelm, der es »nur« auf Domkapitelsitze in Bamberg, Trier, Speyer, Eichstätt und Augsburg brachte. Als Jüngster hatte er den Nachteil, dass ihm seine Brüder immer zuvorkamen und ihm die besten Stellen wegschnappten. So war der höchste Rang, den er je bekleidete, der eines Dompropstes von Bamberg (1723) und Eichstätt (1735).

Nur zwei Brüder blieben dem weltlichen Stand verbunden: Rudolf Franz Erwein und Anselm Franz. Von der Ehe Rudolfs mit der verwitweten Reichsgräfin Maria Eleonore von Dernbach, seiner Cousine, auf Wunsch des fürstbischöflichen Onkels war bereits die Rede. Auch er hatte zunächst eine gründliche, für eine Kirchenkarriere zwecktaugliche Ausbildung erhalten, fand sich 1701 dann aber rasch im Alter von 24 Jahren mit seiner von der Familie gewünschten Eheschließung ab. Die Braut brachte die begehrte Reichsgrafschaft Wiesentheid mit in die Ehe. Das Paar war zwar mit neun Kindern reich gesegnet, brachte aber nur zwei Söhne hervor, was die Schönbornsche Nachwuchsplanung in Bedrängnis brachte. Der Fortbestand der Dynastie hing nur von einem Sohn, Joseph Franz Bonaventura, ab, da der jüngere Melchior Friedrich in den Priesterstand trat.

Auf Anselm Franz war dagegen kein rechter Verlass: Er schlug eine militärische Laufbahn im kaiserlichen Heer ein und beugte sich erst mit 36 Jahren dem familiären Druck, um 1717 die aus altem schwäbischen Reichsgrafengeschlecht stammende Maria Theresia von Montfort zu heiraten. Doch er verstarb bereits 1726 und hinterließ nur einen überlebenden männlichen Nachkommen, Eugen Franz Erwein. Seine Witwe lebte danach auf dem Familiengut Heusenstamm, wo sie eine neue Pfarrkirche als Familiengrablege errichtete.

DIE ROLLE DER FRAUEN

Ohne die Bereitschaft der Schönbornfrauen, sich den Hausinteressen zu fügen, wären die männlichen Aufstiegsträume niemals zu realisieren gewesen. Zielstrebig und früh wurden die Töchter des Hauses in die Pflicht genommen und auf ihre Rolle als zukünftige Mütter und Ehefrauen vorbereitet. Alle Schönborn-Töchter erhielten eine sorgfältige Erziehung, die sie in die Lage versetzte, in gehobene Adelshäuser einzuheiraten und gegebenenfalls selbständig einen großen Familienhaushalt zu führen. Als höhere Bildungsanstalten standen dafür die Schulen und Pensionate des Ursulinenordens zur Verfügung, die – ähnlich wie die Jesuiten – sich der dezidiert katholischen Erziehung junger Menschen verschrieben hatten. Niederlassungen dieses Schulordens, der sich von Italien und Frankreich ausgehend verbreitete, gab es seit Mitte des 17. Jahrhunderts zunehmend auch im Reich, so in Lüttich, Köln, Prag und Wien. Für die Bistümer Würzburg und Mainz entstanden unter wohlwollender Förderung der Schönbornbischöfe mit Kitzingen, Erfurt oder Fritzlar hochangesehene Institute. Neben der Grundausbildung in Lesen, Schreiben, Rechnen standen Französisch, etwas Latein, Geografie und vor allem Religion und christliche Sittenlehre auf dem Lehrplan, der um Tanz-, Instrumental- und Gesangsunterricht nach Bedarf und Neigung ergänzt werden konnte. Gottesdienst und Gebet prägten selbstverständlich den ganzen Schulalltag in der klösterlichen Gemeinschaft. Fromm, tugendsam und fügsam sollten die jungen Damen durchs Leben gehen.

So waren die sieben Töchter Melchior Friedrichs von Schönborn für das rotierende Heiratskarussell gut aufgestellt. Alle machten zwischen 1685 und 1719 glänzende Partien; sie heirateten entweder in altbekannte rheinfränkische Stiftsadelsfamilien wie Stadion, von der Leyen oder Ostein ein oder erweiterten das familiäre Netzwerk um hohe reichsgräfliche Familien des näheren regionalen Umfelds (Seinsheim, Limburg-Stirum, Öttingen-Baldern). Immer wichtiger wurden inzwischen auch die Bindungen zum kaiserlichen Hof in Wien.

Der Erfolg der Heiratsstrategie ging auf: Drei der Schwestern, Anne Charlotte Maria, Anna Philippina und Amalia Elisabeth, wurden wiederum Mütter von späteren Fürstbischöfen. Mit Johann Friedrich Karl von Ostein gelang es 1743 sogar noch einmal, mit dem Mainzer Erzstuhl an die Spitze der Reichskirche zu kommen, und mit Adam Friedrich von Seinsheim ließen sich zwischen 1755/57 und 1779 die Fürstbistümer Würzburg und Bamberg, mit Damian August Philipp von Limburg-Stirum ab 1770 der Speyrer Bischofsstuhl erneut mit Schönbornabkömmlingen besetzen – ein wahrer Triumph der Familienstrategie!

ANGEFOCHTEN UND UNBELIEBT: JOHANN PHILIPP FRANZ ALS FÜRSTBISCHOF VON WÜRZBURG

1719 kam es zu einem seltenen brüderlichen Duell: Sowohl Johann Philipp Franz als auch sein jüngerer Bruder Friedrich Karl bemühten sich um die Nachfolge auf den Würzburger Bischofsstuhl. Während Lothar Franz den begabteren jüngeren Schönbornspross favorisierte, beharrte Johann Philipp Franz auf seinem Vorrecht als Ältester. Er fand für seine Kandidatur die Unterstützung seines Bruders Rudolf Franz Erwein, Vorstand des fränkischen Familienzweiges und Herr über Wiesentheid, der aus seinem Vermögen umfangreiche Sach- und Geldmittel im Wert von rund 50.000 Gulden als »Wahlkampfhilfe« zur Verfügung stellte. Mit Hilfe großzügiger Handsalben und Versprechungen gelang es Johann Philipp Franz, die meisten Domkapitulare auf seine Seite zu ziehen. Er durfte mit 18 Stimmen, Friedrich Karl dagegen nur mit sieben bis acht rechnen. Selbst der kaiserliche Wahlkom-

Der traditionelle Sitz der Würzburger Fürstbischöfe war die Festung Marienberg hoch über dem Main. Erst Johann Philipp Franz von Schönborn begann einen bequemeren Neubau am Rande der Stadt zu errichten.

missar Graf Althann konnte die Stimmung im Wahlgremium nicht zu Gunsten des kaiserlichen Günstlings Friedrich Karl wenden und stand – wie Franz Lothar missmutig bemerkte – nach der Bischofswahl mit »einem verzweifelten Eulengesicht« da. Am 18. September 1719 ging Johann Philipp Franz siegreich aus dem Rennen und wurde im ersten Wahlgang einstimmig zum Fürstbischof von Würzburg gewählt.

Es war ein voller Erfolg für den 46-Jährigen, der nach dem Wahlakt im Würzburger Dom wie im Triumphzug in einem sechsspännigen Wagen durch die Stadt, vorbei am Rathaus und hoch auf die Festung Marienberg zog! Bis morgens um drei Uhr währte das dortige Festbankett. Selbstverständlich war dem Frischgewählten daran gelegen, den ramponierten Familienfrieden wiederherzustellen. Er regte ein Treffen zwischen Rudolf Franz Erwein, Lothar Franz und Friedrich Karl auf Schloss Pommersfelden an, um »schleunigst zu innerlicher Ruhe und Einigkeit« zurückzukehren. Die Aussöhnung innerhalb der Familie gelang zwar, aber die beiden Brüder begegneten sich persönlich nie mehr wieder.

Es trat ein, was Domkapitel und Bürger schon befürchtet hatten: Dieser Fürstbischof kam sie teuer zu stehen. Denn sofort ging Johann Philipp Franz an eine umfangreiche Neugestaltung der Stadt. Angesichts erneut ausbrechender Konfessionskonflikte im Reich, die sich an unterschiedlichen Rechtsauslegungen in gemischtkonfessionellen Gebieten entzündeten, legte er sein Augenmerk zunächst auf den Ausbau der Bastionen, die schon sein berühmter Namensvetter und Vorgänger im Würzburger Bischofsamt, Johann Philipp von Schönborn, in Angriff genommen, aber nur in Teilen fertig gestellt hatte. Nun ließ der neu gekürte Bischof die Arbeiten nach modernsten Gesichtspunkten wiederaufnehmen. Anders als sein Onkel Lothar Franz, der einen pragmatischen, deeskalierenden Kurs gegenüber der protestantischen Seite vertrat, favorisierte er das Konzept der bewaffneten Neutralität. Er stockte seine Truppenkontingente auf über 3.000 Mann auf und ließ die Befestigungen in Würzburg und Königshofen energisch ausbauen.

Für die Residenzstadt bedeutete dies gleichzeitig einen tiefen Eingriff in die Stadtgestaltung insgesamt, denn mit dem Bau der neuen Bastionen wurden Flächen erschlossen, die vormals als Vorstädte oder Weideland gedient hatten und nun zu begehrtem Bauland mutierten. Mit Hilfe seines Militärbaumeisters Balthasar Neumann, der Erfahrung als Ingenieur und Feldmesser besaß, ging er daran, das Stadtgebiet zu erfassen und großzügig neu zu gestalten. Ein von Neumann angefertigter grundrisstreuer Stadtplan Würzburgs (1715) lieferte dazu die Grundlage. Der Fürstbischof wünschte eine nach modernen Gesichtspunkten befestigte Stadt mit gepflasterten Straßen und Plätzen, Brücken und Brunnen, öffentlichen Einrichtungen wie dem Juliusspital und einem großen Schloss – alles im einheitlichen Baustil des Barock. Ein Kupferstich in Plakatgröße, den Neumann als Thesenblatt zur Promotion des Freiherrn von Reitzenstein 1723 entwarf, bannte diese Vision auf Papier: Er zeigt ein nach außen durch sternförmige Bastionen gesichertes, im Innern durch übersichtliche Straßenzüge wohl geordnetes, durch öffentliche

Großbauten ausgezeichnetes Gemeinwesen. Nicht mehr allein militärische Heldentaten, sondern eine am öffentlichen Nutzen orientierte Regierungspolitik gereichten dem Landesfürsten im Sinne des Frühabsolutismus zu Ruhm und Ehre.

Um die Vision in die Realität umzusetzen, rief Johann Philipp Franz 1722 eine Baukommission ins Leben, deren wichtigste Mitglieder er selbst ernannte. Ihre Aufgabe war es, über die Einhaltung seiner neuen Bauordnung zu wachen, die für Neubauten Geschosshöhe, Fensterzahl und Fassadengestaltung vorschrieb. Störende Anbauten, Erker oder zu hohe Giebel sollten verschwinden, Raum für Plätze und baumbestandene Promenaden geschaffen werden. Dem »gemeinen Nutzen« – so wie ihn der Fürstbischof definierte – sollten sich fortan alle Bauherren unterordnen, auch adlige und geistliche.

Der Plan zum Residenzbau bewegte sich zunächst im Rahmen der umfassenden Stadtgestaltung. Die Verlegung des bischöflichen Wohnsitzes vom Marienberg hinunter in die Stadt war eigentlich eine alte Forderung des Domkapitels gewesen, um Kosten für die Hofhaltung einzusparen. Der beschwerliche Weg zur Festung hinauf – bei Sommerhitze oder Eis und Schneefall – sollte endlich wegfallen und der Bischof unter Seinesgleichen in den Domherrenhäusern östlich des Doms residieren. Ein bereits vorhandenes Schlösschen am Rennweg schien dafür geeignet. Da kam das Glück dem Fürstbischof zu Hilfe: Ein gewonnener Unterschlagungsprozess gegen seinen Hofkammerdirektor spülte sagenhafte 640.000 Gulden in seine Taschen! Damit war er unabhängig vom Willen des Domkapitels und konnte mit eigenen Mitteln an die Umsetzung seiner baulichen Ambitionen gehen. Und die wurden immer umfangreicher, denn die neue Stadtresidenz musste harmonisch in das Stadtbild integriert und durch Sichtachsen mit Marienberg und Dom – für den gerade eine grandiose neue Grabkapelle zu Ehren der Familie Schönborn in Arbeit war – verbunden werden. Dies erforderte den Durchbruch eines geraden Straßenzuges von der Altstadt über den Dom zum Schloss. So stand die neue Residenz am

Rande der Altstadt zeichenhaft für die gewachsene Macht des Fürstbischofs über Stadt und Bistum.

Johann Philipp Franz schaffte es allerdings nicht, sich Sympathien für seine Vorhaben zu verschaffen. Er entfaltete eine kostspielige, glänzende Hofhaltung nach französischem Vorbild und stockte den Hofstaat auf rund 400 Personen auf. Zum Hof zählten eine Hofkapelle, ein eigener Tanzmeister und eine Reitschule. Großen Eindruck machte seine Leibgarde aus prachtvoll eingekleideten Grenadieren zu Pferd, die mit Standarten und Säbeln zu Paraden aufzogen. Seinen Wohnsitz hatte Johann Philipp Franz bald nach Regierungsantritt vom Marienberg in den bequemen Stadthof Rosenbach verlegte, um möglichst nahe an seiner Großbaustelle zu sein.

Während der Fürstbischof stürmisch zur Jagd ausritt, schufteten seine Soldaten und frondienstpflichtigen Bauern an den Befestigungsgräben und Schanzen. Zeitweise arbeiteten weit über 1.000 zwangsrekrutierte Menschen dort; alle mussten von den Würzburger Bürgern verköstigt und untergebracht werden. In der überfüllten Stadt wuchsen die sozialen Spannungen und entluden sich mehrmals in Handgreiflichkeiten unter der Bevölkerung.

Gleichzeitig bekam die Macht des aufbrausenden Fürstbischofs jeder in seiner Umgebung zu spüren: Er legte sich mit dem Domkapitel an, dessen Selbstverwaltungsrechte er schmälerte, er verprellte den Rat der Stadt mit einer neuen Ratsordnung, die über 100 Jahre alte Rechte beschnitt, er enttäuschte die Handwerker durch neue Zunftregeln, die einen Gesellenaufstand provozierten. Zu allem Überfluss erhöhte er auch noch die Steuern. Die Stimmung war frostig in Stadt und Land.

HOCHGESTECKTE PLÄNE: DIE WÜRZBURGER RESIDENZ

Bei den übrigen Schönborns hingegen löste das Wort »Neubau« freudige Schockwellen aus. Onkel und Bruder begannen sich zum Leidwesen des regierenden Bischofs sofort in die

Würzburger Residenzbaupläne einzumischen. Doch dank des unvorhergesehenen Geldsegens aus dem erwähnten Rechtsstreit sah sich Johann Philipp Franz nun in die Lage versetzt, sich an die Spitze der Bewegung stellen zu können. Den Vorwurf seines Onkels, er sei »mehr und mehr der Gott Mars und müsse alles über Kopf und Hals schanzen«, wollte er nicht auf sich sitzen lassen. Schließlich stand er als ältester der Schönborn-Geschwistertruppe auch auf kulturellem Feld in der Pflicht. Lothar Franz bot gleich seinen Mainzer Hofarchitekten Maximilian von Welsch an, Friedrich Karl brachte seinen bewährten Architekten Lucas von Hildebrandt ins Gespräch, Balthasar Neumann und Johann Dientzenhofer waren ohnehin mit von der Partie. Hochangesehene französische Architekten wie Robert de Cotte und Germain Boffrand wurden zusätzlich zu Rate gezogen. Nach dem Willen von Lothar Franz sollte der Bau an »Ansehen, Commodität, Austeilung und Regulariät« keiner anderen Residenz in Deutschland gleichkommen.

So kam ein reger Austausch unter den »Baudirigierungsgöttern« – so Lothar Franzens scherzhafte Selbstbezeichnung – in Gang. Die Residenz wurde zu einem Gemeinschaftsprojekt der Schönborns, was schon in der Grundsteinlegung vom 22. Mai 1720 zum Ausdruck kam: Die Urkunde dazu nannte die Namen aller noch lebenden Schönbornmitglieder mit Titeln und Ämtern. Dass viele Köche den Brei verderben, stimmte im Falle der Würzburger Residenz ausnahmsweise einmal nicht. Im Gegenteil: Es entstand ein Prachtbau des europäischen Barock, der heute zum UNESCO-Welterbe zählt und als das »einheitlichste und außergewöhnlichste aller Barockschlösser« gerühmt wird.

FINANZNOT UND KLAMME KASSEN

Um ein Haar wäre der Bau der Residenz dennoch zum Erliegen gekommen. Völlig unerwartet verstarb der Würzburger Fürstbischof in seinem 51. Lebensjahr nach einem ordentlichen Festessen mit dem Pfalzgrafen Franz Ludwig aus dem Hause Wittelsbach: Am 18. August 1724 hatte Johann Philipp Franz

Ein begnadeter Architekt: Balthasar Neumann

Balthasar Neumann wurde 1687 als Sohn eines Tuchmachers in der Reichsstadt Eger in Böhmen (heute Cheb in Tschechien) geboren und absolvierte dort eine Lehre als Geschütz- und Glockengießer. Im Rahmen seiner Gesellenwanderung kam er 1711 nach Würzburg und arbeitete in einer Gießhütte am Schottenanger. Mit Hilfe einiger Darlehen seiner Heimatstadt bildete er sich in den Bereichen Geometrie, Zivil- und Militärarchitektur fort. Ab 1714 ist er als Kanonengießer für das Würzburger Hochstift nachgewiesen. Sein Vorgesetzter, der Ingenieurhauptmann Andreas Müller, förderte ihn. Der fleißige Neumann stieg in den Reihen des Militärs rasch auf und nahm als Offizier an den Feldzügen gegen die Türken teil, die ihn über Österreich und Ungarn bis vor Belgrad führten.

Die Fähigkeiten Balthasar Neumanns erkannten die Schönborns schnell. Lothar Franz hatte den Militäringenieur in Gaibach für ein Brunnenprojekt beschäftigt und empfahl ihn seinem Neffen Johann Philipp Franz. Dieser beauftragte ihn sofort nach seiner Wahl zum Würzburger Fürstbischof 1719 mit der Ausarbeitung von Plänen für den Residenzbau. 1722 holte er ihn in die Stadtbaukommission, die den barocken Umbau der Residenzstadt leitete.

Dass die Schönborns Neumann trotz seiner geringen Erfahrungen mit großen Prestigeprojekten betrauten, zeigt, welch hohes Vertrauen sie in sein Talent setzten. Zur Weiterbildung schickte Lothar Franz den heranreifenden Architekten 1723 auf eine Studienreise, die über Mannheim, Bruchsal, Straßburg und Nancy nach Paris führte. Hier traf Neumann auf die bedeutenden französischen Architekten Robert de Cotte und Germain Boffrand, mit denen er bezüglich der Würzburger Residenz in fruchtbaren künstlerischen Gedankenaustausch trat. Nur der überraschende Tod des Fürstbischofs Johann Philipp Franz im Jahr 1724 unterbrach vorübergehend den begonnenen Höhenflug.

Friedrich Karl von Schönborn, der neue Fürstbischof von Würzburg und Bamberg, nahm Neumann sofort wieder in Dienst und machte ihn zum obersten Baumeister für das gesamte militärische, kirchliche und zivile Bauwesen im Hochstift Würzburg. Er schickte ihn noch einmal nach Wien, damit er die Bauten Fischer von Erlachs sowie Johann Lucas von Hildebrandts und damit den »Wiener gout« studieren konnte. Neumann verarbeitete die empfangenen Stileindrücke zu ganz eigenen Kompositionen. Er schuf Meisterwerke des Spätbarock – allen voran die Würzburger Residenz mit ihrem vielbewunderten Treppenhaus, die Schönbornkapelle am Würzburger Dom und die Wallfahrtskirche Käppele über dem Main; »nebenbei« betreute er die fürstbischöflichen Sommerresidenzen in Werneck, Bruchsal und Veitshöchheim. Zudem baute er eine Vielzahl an Kloster- und Wallfahrtskirchen, von denen Vierzehnheiligen bei Bad Staffelstein, Gößweinstein und Maria Limbach die bekanntesten sind. Außerhalb Frankens arbeitete er in Koblenz, Trier, Bonn, Brühl und Worms. Neumann bestach durch seine originellen Raumlösungen, in denen Ellipsen, Rotunden und geschwungene Linien eine besondere Rolle spielten. Viele seiner Werke wurden zum UNESCO-Welterbe erklärt.
Neumann war ein fähiger Bau-Organisator, der von der Planzeichnung bis zum Materialtransport und der Bezahlung der Arbeiter alle maßgeblichen Schritte kontrollierte. Er selbst betrieb als Unternehmer eine Glashütte im Steigerwald und eine Spiegelschleiferei in Würzburg. Von seinem praktischen Wirken profitierte auch die Allgemeinheit, denn er errichtete viele Brücken, Straßen, Brunnen und Zweckbauten. So schuf er zwischen 1730 und 1745 für Würzburg ein System aus Röhrenbrunnen und Wasserleitungen, um die Stadt mit frischem Quellwasser zu versorgen. Unter großer Anteilnahme der Bevölkerung wurde er am 22. August 1753 in Würzburg zu Grabe getragen und in der Marienkapelle am Markt beigesetzt.

Der Architekt und Militäringenieur Balthasar Neumann war die prägende Gestalt des fränkischen Barock. Er hinterließ ein umfangreiches Œuvre aus Schlössern, Kirchen, Brücken sowie Nutz- und Festungsbauten von höchster Qualität.– Ölgemälde von Marcus Friedrich Kleinert, 1727.

auf dem Rückweg von einem Jagdausflug nach Mergentheim über starke Leibesschmerzen geklagt und war unter Schüttelfrost und Erbrechen noch am Straßenrand nahe der Ortschaft Löffelstelzen verschieden. Böse Zungen munkelten von Gift, denn über den Tod des ausgabefreudigen und strengen Fürstbischofs zeigten sich viele Einwohner erleichtert. Man könne sich gar nicht vorstellen, wie verhasst er im ganzen Land gewesen sei, klagte sein Onkel Lothar Franz nach Wien.

Die Folgen davon zeigten sich rasch: Sofort stoppte das Domkapitel alle Bauarbeiten an Residenz und Fortifikationen. Die Arbeiter wurden nach Hause geschickt, die Hofmusiker und Hofbedienstete entlassen, der Privatbesitz des Verstorbenen zur Schuldentilgung versteigert. Der Stadtrat kehrte zu seiner alten Verfassung zurück. Aus Protest wählte das Domkapitel dieses Mal keinen Schönborn ins Amt. Anfang Oktober 1724 machte der Schönborngegner Christoph Franz von Hutten – von Lothar Franz als »bekannten boshafften pursch« diffamiert – das Rennen. Das Bauprogramm seines Vorgängers strich er rigide zusammen und ließ überwiegend an den Befestigungen weiterarbeiten. Die Kehrtwende löste indes nicht die Frage, was mit dem Riesen-Torso am Rande der Altstadt geschehen sollte. Etwa ein Fünftel des gesamten Bauvolumens stand bereits, vor allem der Nordflügel.

Das Jahr 1729 brachte gleich in mehrfacher Hinsicht eine Wende: Am 30. Januar starb in Mainz, versehen mit allen Sterbesakramenten der Kirche, der »hochwürdigste Fürst und Herr« Lothar Franz von Schönborn – und Friedrich Karl trat umgehend seine Nachfolge in Bamberg an. Im März folgte überraschend Franz von Hutten in Würzburg nach kurzer schwerer Krankheit im Tod nach, sodass auch in Würzburg ein neuer Bischofskandidat gesucht werden musste. Im Domkapitel hatte man inzwischen eingesehen, dass eine Fertigstellung der Bauruine geboten sei. Wer also wäre für die anstehenden Aufgaben besser in Frage gekommen als ein Schönborn? So schickte sich Friedrich Karl an, die »reiche Braut Würzburg« heimzuholen. Das Domkapitel, das sich seine Vorrechte in Wahlkapitulationen festschreiben ließ, bereitete ihm keine Schwierigkeiten mehr; der Papst hatte schon vor Jahren der Bistumsakkumulation zugestimmt und auch der Kaiser unterstützte seine Kandidatur vorbehaltlos. So wurde Friedrich Karl am 18. Mai 1729 im ersten Wahlgang einstimmig zum neuen Bischof von Würzburg gewählt und hielt seinen fürstlichen Umzug durch die Stadt und auf den Marienberg hinauf. Die Freude darüber war allerorten groß, wie die zahlreich eintreffenden fürstlichen Gratulationsschreiben bewiesen.

Damit vereinigte Friedrich Karl die Fürstbistümer von Bamberg und Würzburg wieder in Schönbornhand und verwaltete ein Territorium, das den Vergleich mit weltlichen Fürstentümern nicht zu scheuen brauchte. Dank seines langen, 17-jährigen Pontifikats gelang es ihm, den Würzburger Residenzbau im Rohbau weitestgehend zu vollenden.

6. Im Zenit des Ruhms: Friedrich Karl von Schönborn (1674–1746)

REICHSVIZEKANZLER IN WIEN

Begabt, fleißig und bestens ausgebildet war Friedrich Karl von Schönborn ins Amt des Reichsvizekanzlers in Wien gestartet. Doch mit offenen Armen empfing ihn niemand, hatte doch sein Onkel Lothar Franz die Berufung des Neffen stur gegen alle Widerstände durchgesetzt und sich damit keine Freunde gemacht. Auch seine Initiativen im Vorfeld der Kaiserkrönung Karls VI. zur formalen Stärkung des Reichsvizekanzleramtes gegenüber den österreichischen Behörden empfanden viele hochrangige Hofbeamte und nicht zuletzt der Kaiser selbst als unangemessene Einmischung in innere Angelegenheiten. Keinesfalls wollte man sich am Hof von einem fernen Mainzer Kurfürsten in die Regierungsgeschäfte hineinreden lassen. Ohnehin erschien eine gesonderte Betrachtung von österreichischen Haus- und übergeordneten Reichsinteressen als anachronistisch, da beide Bereiche durch die Person des Kaisers aufs engste miteinander verknüpft und kaum zu trennen waren. Und in der Außenpolitik duldete der Kaiser angesichts des wachsenden europäischen Konfliktpotenzials erst recht keine Fesseln, die durch irgendwelche Befindlichkeiten nachrangiger Reichsstände angelegt worden wären. So bezog Friedrich Karl zwar geräumige Appartements in der Wiener Hofburg, musste sich den Respekt seiner Umgebung aber erst erkämpfen.

Seine Handlungsspielräume fielen äußerst begrenzt aus, denn obwohl Mitglied der Geheimen Konferenz, des wichtigsten kaiserlichen Beratergremiums für die Erblande, liefen die großen Entscheidungen an ihm vorbei. Zudem machten ihm Intrigen und Kompetenzstreitigkeiten das Leben schwer. Dennoch bemühte er sich mit kluger Zurückhaltung, das Beste aus seiner Lage zu machen. Nie ließ er Zweifel an seiner Kaisertreue aufkommen. Er trat 1730 explizit für die Anerkennung der Pragmatischen Sanktion ein, mit der die

Friedrich Karl von Schönborn lernte das diplomatische Handwerk in Wien. Als Vertreter des Reiches am Kaiserhof musste er verbindlich, aber dennoch politisch pointiert auftreten. – Gemälde von Johann Gottfried Auerbach, ca. 1730.

Erbfolge zugunsten der Kaisertochter Maria Theresia geregelt worden war, und bot dem söhnelosen Kaiser Karl VI. zu deren Durchsetzung auch seine militärische Hilfe an. Andererseits vertrat er aber ebenso unermüdlich die Interessen des Reiches und der Reichskirche. »Der Glanz der Majestät des Reichs ist in dem Haupt und der kaiserlichen Majestät, deren Glieder und ›radii Majestatis‹ seind die Chur- und Fürsten«, betonte er immer wieder. Kaiser und Kurfürsten müssten zum Wohle des Reiches zusammenwirken, so sein Credo, was allerdings nur möglich schien, wenn die Balance der Machtverhältnisse, von Friedrich Karl das »aequilibrium« genannt, gewährleistet war.

Mit dieser Balance war es allerdings nicht weit her angesichts der dezidierten Hausmachtpolitik des Kaisers einerseits und den nach Expansion strebenden, bewaffneten Reichsständen andererseits. Im »Soldatenkönig« Friedrich Wilhelm I. von Preußen, der im Ostseeraum mit Schweden in Konkurrenz trat und diesem die Stadt Stettin sowie das südliche Vorpommern abluchste, machte der Reichsvizekanzler einen besonders notorischen Querulanten aus. Er schalt ihn einen »Polterkönig«, der des Kaisers »Amt außer Acht und Gehorsam« lasse und mit dem Aufbau seines überdimensionierten stehenden Heeres friedliche Reichsstände verängstige. Doch mit seinen Appellen zu Gunsten der Reichseinheit stieß Friedrich Karl auf taube Ohren. Die großen Territorialmächte, an Bevölkerung, Wirtschaftskraft und Verteidigungsressourcen den kleineren Reichsständen weit überlegen, verfolgten ihre Eigeninteressen zunehmend ohne Rücksichtnahme auf das Reich. Ganz im Gegenteil drohten sie, die »Kleinen« zu schlucken, wovon die Schönbornbischöfe, deren fränkischer Stiftsbesitz an die von einer Nebenlinie der Hohenzollern beherrschten Markgrafschaften Ansbach und Bayreuth grenzte, ein Lied singen konnten. Friedrich Karl bemühte für seine Furcht vor übergriffigen protestantischen Mächten das Bild von einem »Krokodilienleib«, dessen aufgesperrter Rachen nur geöffnet sei, »um mit Stumpf und Stil nach guter Gelegenheit die Nachbarschaft zu verschlucken«. So weit kam es zwar nicht, doch dass der politische Wind nun einmal aus der anderen Richtung wehte, spürte der begabte Schönbornspross selbstredend.

Den aufkeimenden Dualismus zwischen Habsburg und Preußen machte er als größte Gefahr für den Fortbestand des Reiches aus – womit er Recht behalten sollte. Der Ausbruch des Österreichischen Erbfolgekrieges nach dem Tod Kaiser Karls VI. 1740 und der Überfall des risikobereiten Preußenkönigs Friedrich II. auf Schlesien sprengten die bislang im Reich akzeptierten Spielregeln endgültig.

Der Reichsvizekanzler sah sich auf verlorenem Posten. Die scharfen Rivalitäten zum österreichischen Führungspersonal dagegen eskalierten 1717 offen, als der Reichshofratspräsident Graf von Windischgrätz, »mit einem gewaltigen Bratspieß-Degen fuchtelnd«, mitten auf dem Wiener Augustinerplatz den Reichsvizekanzler zum Duell aufforderte, was dieser mit Hinweis auf seinen geistlichen Stand, der ihm eine Selbstverteidigung allenfalls mit dem Gehstock erlaube, verweigerte. Der Kaiser zeigte sich entsetzt, verordnete Hausarrest und eine öffentliche Versöhnungszeremonie.

Genervt von den jahrelangen Mühen und Querelen gab Friedrich Karl sein Amt 1734 schließlich auf und widmete sich fortan ganz seinen Aufgaben als geistlicher Landesherr. Er war es leid, dass man auch in Wien »allezeit nur österreichische und keine teutsche Politik« betreibe, wie er klagte. Aber auch die Doppelbelastung als Reichsvizekanzler und Fürstbischof lastete auf seiner Gesundheit. Vom fernen Wien aus die Geschicke Bambergs und Würzburgs zu leiten, fiel schwer. Dem freundschaftlich verbundenen Prinz Eugen von Savoyen gegenüber gestand er, dass er es »mit seinem Gewissen, seiner Ehre und seiner Gesundheit« nicht vereinbaren könne, weiter durch Abwesenheit von seinen Bistümern zu glänzen. Am 21. Juli 1734 nahm er seinen Abschied und begab sich nach Franken.

NEUE KÜNSTLERISCHE IMPULSE: DER ARCHITEKT JOHANN LUCAS VON HILDEBRANDT

Trost fand der frustrierte Schönborn familientypisch in der Kunst. Und was neue künstlerische Moden betraf, bewegte sich der Reichsvizekanzler in Wien genau am rechten Fleck, denn die Kaiserstadt an der Donau gab sich nach Bannung der Türkengefahr und der glücklich überstandenen Belagerung durch die Armee Sultan Mehmeds IV. 1683 ein neues und prächtiges Kleid. Ein wahrer Bauboom griff im Hochadel um sich und erfasste nicht nur das innere Stadtgebiet, sondern auch die außerhalb der Befestigungen liegenden Vorstädte. Während in der Innenstadt prächtige Stadtpalais in die Höhe wuchsen, entstanden auf den Anhöhen rund um Wien großzügige Landsitze, Lust- und Gartenschlösschen mit weitläufigen

Ziergärten und Belvederes, die selbst weit gereiste auswärtige Besucher wie die Gesandtengattin Lady Montagu zu Begeisterungsstürmen hinrissen. Durch ein unbebautes freies Glacis von der immer noch befestigten Stadt getrennt und umgeben von Weinbergen und Wiesen, boten sich von diesem Gartengürtel aus herrliche Ausblicke auf die etwas niedriger liegende Metropole. Vor allem aber gab es hier genügend Baugrund, um große Architektenträume umzusetzen.

Die aufgehenden Sterne am Wiener Kunsthimmel hießen um diese Zeit Fischer von Erlach und Johann Lucas von Hildebrandt – beide hochbegabte Baumeister, beide in kaiserlichen Diensten stehend, der eine als Hofbaumeister, der andere als Hofingenieur, und einander ein Leben lang in herzlicher Abneigung verbunden. Obwohl zunächst der zwölf Jahre ältere Fischer von Erlach der erfolgreichere war, schnappte ihm der Jüngere bald nach und nach prestigeträchtige Aufträge weg.

Friedrich Karl von Schönborn bevorzugte von Anfang an Lucas von Hildebrandt, den er wahrscheinlich 1704 über Prinz Eugen von Savoyen, den hochangesehenen siegreichen Feldherrn der Türkenkriege und Präsidenten des Hofkriegsrates, kennenlernte. Der Prinz hatte für sein prächtiges Stadtpalais in der Himmelpfortgasse Hildebrandt in Dienst genommen und den zuvor dort beschäftigten Fischer von Erlach entlassen. Der gebürtige Genuese Hildebrandt, der seine künstlerische Ausbildung in Rom bei Carlo Fontana erhalten hatte, kannte Prinz Eugen aus seiner Zeit als Festungsingenieur bei der kaiserlichen Armee in Italien. Als er 1696 mit den Truppen nach Österreich zurückkam, konnte er seine Beziehungen zum Prinzen in Wien wiederaufleben lassen. Er begann die Arbeiten am Stadtpalais und führte für den Prinzen zusätzlich in den Jahren zwischen 1714 und 1723 als Sommersitz das vielbewunderte, außerhalb der Stadtmauern liegende Schloss Belvedere aus, das aus zwei Gebäudeteilen – dem Oberen und dem Unteren Belvedere – sowie einem dazwischen liegenden, sanft ansteigenden großen Barockgarten bestand. Hildebrandt fand für das nicht einfache Baugrundstück eine überaus stimmige Lösung: Locker überbrückte er den Höhenunterschied von etwa 23 Metern mit Hilfe von Kaskadenbrunnen, Freitreppen und Rampen mit Balustraden. Während das untere, beheizbare Schlösschen die Wohnräume des Prinzen enthielt, plante Hildebrandt das Obere Belvedere als reinen Repräsentationsbau für rauschende Feste mit Garten- und Marmorsaal, Stiegenhaus, Gemäldesammlung und Bibliothek. Das im Pavillonsystem aus verschiedenen, locker aneinander gereihten Baukörpern zusammengesetzte Obere Belvedere sah angenehm luftig und bewegt aus – von der Ferne betrachtet nahm man die gestaffelte Silhouette, die sich in einem vorgelagerten Wasserbassin spiegelte, wie eine schimmernde Fata Morgana wahr. Prinz Eugen zeigte sich begeistert und ließ verlauten, Hildebrandt sei es gelungen, einen architektonischen Traum einzufangen.

Auch Friedrich Karl von Schönborn zeigte sich vom »Wiener gout« sehr angetan und machte den »lieben Jean Lucca« zu seinem bevorzugten Architekten, dem er auch freundschaftlich verbunden war. Er ließ sich von ihm nach 1706 ein Gartenpalais vor den Toren der Stadt errichten (heute Laudongasse/Museum für Volkskunde). Nach außen gab sich das zweigeschossige, nicht sehr hohe Gebäude – gemessen an den anderen Palais – bescheiden und zurückhaltend, doch bestach es durch seine qualitätvolle Innenausstattung mit kunstvollem Treppenhaus und seinem Barockgarten, der besonders vielseitig mit Grotte, Wasserbassin, skulpturengeschmückten Parterres und Orangerie ausgestattet war. Der Hausherr setzte hier weniger auf Repräsentation als vielmehr auf Komfort zur privaten Erholung in grüner Umgebung.

Die gleiche Motivation leitete ihn beim Bau von Schloss Schönborn in Niederösterreich. Nach Erwerb der Herrschaft Göllersdorf 1710 plante Friedrich Karl außerhalb des Ortskerns einen Neubau, den er wiederum Hildebrandt anvertraute. Herzstück der Anlage war ein langgestreckter, geometrisch geordneter Ziergarten, an dessen Schmalseiten sich zwei Gebäudekomplexe erhoben – einerseits ein Wohnschloss mit Stallungen und Auffahrt, andererseits eine Orangerie mit Nutzgebäuden und Meierei. Ausdrücklich wollte Friedrich

Karl in Göllersdorf kein Schloss, sondern ein Landhaus, eine großzügige Villenanlage, zur Erholung haben. Hildebrandt plante das dreiflügelige Hauptgebäude denn auch fast außergewöhnlich schlicht: Über einem niederen Sockelgeschoss erhob sich ein durchgehend nur eingeschossiger Bau, der von ebenfalls eingeschossigen Wirtschaftsgebäuden und Stallungen ergänzt wurde. Das horizontal ausgedehnte, locker gegliederte Gebäude unterschied sich damit von den zur selben Zeit entstehenden prunkvollen Lustschlössern der Wiener High Society und verströmte umso mehr eine gelöste, ländliche Stimmung. Dafür bot der Bau im Innern durch eine geschickte Anordnung der verschiedenen Appartements höchste Bequemlichkeit. Seinem Onkel gegenüber, der befürchtete, Göllersdorf könne zu klein geraten, versicherte Friedrich Karl, es seien genügend Zimmer zur Unterbringung vieler Bediensteter vorhanden, um ein bequemes Landleben dort führen zu können. Außerdem boten ihm seine Privatzimmer höchsten Luxus. Sie waren mit kostbarem Damast ausgelegt, mit Familienporträts, Porzellanen und Statuen aus Alabaster und Elfenbein geschmückt. »Man kann sich nichts Lebhafteres und Blendenderes vorstellen, ungerechnet der Galerie, voll Seltenheiten von Korallen und Perlmutter, dann der im ganzen Haus verschwendeten Vergoldungen, Schnitzereien, schönen Gemälden«, schwärmte Lady Mary Montagu während ihres Besuches beim Reichsvizekanzler 1716.

Die neu entdeckte Lust an der Intimität rührte vom französischen Schlossbau her. Prinz Eugen, der im Umfeld des französischen Königshofes erzogen worden war, vermittelte die neuen Ideen über Hildebrandt nach Österreich. Friedrich Karl zeigte sich beeindruckt. Über seinen Lieblingsarchitekten brachte er den neue Baugedanken auch nach Franken.

DER UMGANG MIT DEM ERBE

Politisch mochte es bergab gehen, dafür entwickelte sich der Familienbesitz der Schönborns äußerst positiv, denn Friedrich Karls Vizekanzlerschaft spülte frisches Kapital in die Schatullen. Der Kaiser bezahlte ihm ein ordentliches Hofrats-

Die Reichshofkanzlei in Wien

Dem Reichsvizekanzler standen in der Hofburg Wohn- und Amtsräume zu. Im Rahmen der Pläne zu einem grundlegenden Um- und Ausbau der jahrhundertealten Hofburg unter Kaiser Karl VI. entschied man sich, auch den zu kleinen, nicht mehr als zeitgemäß empfundenen Kanzleitrakt entlang der Schauflergasse durch einen Neubau zu ersetzten. Er entstand zwischen 1723 und 1729. Zunächst hatte die Leitung der Schönbornliebling Johann Lucas von Hildebrandt inne, doch auf kaiserlichen Befehl hin wurde ab 1726 Joseph Emanuel Fischer von Erlach, Sohn des bereits verstorbenen Rivalen Hildebrandts, überraschend mit der Aufgabe betraut. Er beließ die bereits stehende Front an der Schauflergasse unberührt, gab der zum Inneren Burghof hingewandten Seite aber eine imposante, fünfgeschossige Schauseite. In der Formensprache des französischen Klassizismus schmücken vorspringende Risalite mit Portalen und Balkonen die durch Riesenpilaster gegliederte Fassade. Ein riesengroßer Schild über dem Mittelrisalit zeigt das Wappen Kaiser Karls VI. – überragt von der deutschen Kaiserkrone und umrahmt von der Kette des Goldenen Vlieses. Große Sandsteinkolosse, die die Taten des Herkules zeigen, flankieren die Seitenportale.

Die Pracht konnte nicht darüber hinwegtäuschen, dass das Reich am Ende war. 1806 legte Kaiser Franz II. die römisch-deutsche Kaiserwürde nieder und trug fortan nur noch den Titel eines Kaisers von Österreich. Die Räumlichkeiten der Reichskanzlei wurden damit nicht mehr gebraucht. Im Erdgeschoss zogen verschiedene Hofämter, die Hofwäschekammer sowie das Haus-, Hof- und Staatsarchiv ein, während die oberen Etagen in Wohnräume umgewandelt wurden. Im Hauptgeschoss nahm Kaiser Franz Joseph I. seinen Sitz. Er bewohnte das Kaiserappartement von 1857 bis zu seinem Tod 1916. An seinem Schreibpult stehend, empfing er in

seinem Audienzzimmer zahlreiche Besucher von nah und fern. Insgesamt soll er in seinem Leben 260.000 Personen empfangen haben.
Heute braucht es keine Audienz mehr, um das Kaiserappartement zu besichtigen. Die Wohn- und Arbeitsräume Kaiser Franz Josephs, darunter das schlicht gehaltene Schlafzimmer und sein Arbeitszimmer mit den intimen Porträts seiner Frau Sisi, sind für die Öffentlichkeit zugänglich und im Rahmen eines Besuchs der Hofburg zu besichtigen.

gehalt von 4.000 Gulden, das zu dem vom Mainzer Kurfürsten geleisteten hinzutrat. Außerdem standen dem Reichsvizekanzler Einnahmen aus den Kanzleigeschäften, Reisediäten, Geheimratsgebühren und Repräsentationsgelder zu. So beliefen sich Friedrich Karls Jahreseinnahmen wohl auf 20.000 bis 30.000 Gulden, so viel wie noch nie ein Reichsvizekanzler zuvor erhalten hatte. Das schönste Geschenk machte ihm der Kaiser aber mit der Übertragung von umfangreichen Ländereien in Ungarn, deren Wert im oberen sechsstelligen Bereich lag. Doch wie ließ sich das Erworbene für die Nachfahren sichern?

Intensiv dachten Lothar Franz und Friedrich Karl seit 1709 über dieses Problem nach. Schließlich hatten die geistlichen Fürsten keine eigenen Erben und mussten ihr riesiges Vermögen aus Grundbesitz, Immobilien, Herrschaften, Kunst und Kapitalien irgendwann den Händen ihrer weltlichen Verwandten anvertrauen. Und nicht jeder von ihnen war ein ökonomisches Genie. Als Lösung bot sich daher die Stiftung eines Familienfideikommisses an, bei dem das eingebrachte Vermögen unveräußerlich und unverschuldbar in seiner Substanz auf Dauer erhalten blieb. Die in einer festgelegten Erbfolge bestimmten Nachkommen besaßen an dem Vermögen nur ein Nutzungsrecht und selbst die Familienvorstände konnten nur sehr begrenzt darauf zugreifen. Da der Kaiser als oberster Lehensherr die rechtlichen Regelungen bestätigte und garantierte, konnten diese auch zukünftig nicht einfach abgeändert oder aufgelöst werden. Voraussetzung für die Errichtung des Fideikommisses war allerdings die Zustimmung der anderen (männlichen) Familienmitglieder, die auf ihr angestammtes Erbrecht und die Auszahlung des Pflichtteils weitgehend verzichten mussten.

Das von Lothar Franz und Friedrich Karl von Schönborn vorgesehene Rechtskonstrukt sah die Einrichtung von zwei Hauslinien vor, auf die der Kapital- und Güterbesitz aufgeteilt wurde: Der eine Zweig unter Rudolf Franz Erwein bekam die fränkischen, kur- und oberrheinischen Besitzungen zugesprochen und sollte seine Platzierungsstrategien für den Nachwuchs auch weiterhin in diesem Raum pflegen; die zweite Linie unter Anselm Franz, damals noch unverheiratet, erhielt die österreichisch-osteuropäischen Güter mit dem Auftrag, sich dort »recht zu etablieren, an das Haus Österreich zu hängen und bei demselben hinfüro seine Protektion zu suchen.« Damit war der Grundstein für die Entwicklung der Linien Schönborn-Buchheim (österreichisch) und Schönborn-Wiesentheid (fränkisch) gelegt.

Die Familienmitglieder wurden darauf verpflichtet, standesgemäß zu heiraten; taten sie es nicht, wurden sie von der Nutzung des Familienvermögens ausgeschlossen. Für regelmäßigen Unterhalt sowie Ausbildung und Studium gab es festgelegte Apanagen, ebenso für Witwenversorgung und Heiratsgut der weiblichen Familienmitglieder. Die Kirchenfürsten zeigten sich dabei alles andere als generös: Die Apanagen, insbesondere die der Witwen, fielen recht knausrig aus. Innerhalb der Familie wurde darüber zwar gemurrt, aber nicht aufgemuckt. 1711 unterzeichneten Lothar Franz und seine Bruder Melchior Friedrich mit seinen sieben Söhnen in Bamberg das vom Patriarchen ausformulierte Statut, das das Vermögen für die nächsten 100 Jahre zusammenhielt. 1712 bestätigte es der Kaiser.

Nach dem Tod des Reichsvizekanzlers Friedrich Karl erbte sein Neffe Eugen Franz Erwein, Sohn seines Bruders Anselm Franz und der Gräfin Maria Theresia von Montfort, die umfangreichen Besitzungen in Ungarn, die 1801 mangels eines männlichen Erben an die Linie Schönborn-Wiesentheid fielen. Der Vertreter dieser Linie, Hugo Damian Erwein (1738–1817), erbte zusätzlich noch Besitzungen in Böhmen, sodass eine Neuregelung der Familienverhältnisse geboten schien. Durch den Untergang des Alten Reiches und der Reichskirche ergaben sich nach 1806 grundlegende politische Veränderungen, die ebenfalls eine Neuordnung nötig machten: So wurde 1811 eine dritte Hauslinie eingerichtet, um dem durch den Wegfall der kirchlichen Pfründen unversorgten jüngsten Schönborn-Spross Friedrich Karl Joseph Kompensation zu verschaffen. Er erhielt die böhmischen Güter. Während der deutsche und der österreichische Zweig der Familie seinen Besitz weitestgehend halten konnte und heute immer noch seine Stammschlösser Wiesentheid und Göllersdorf hält, verlor die böhmische Linie aufgrund der politischen Zeitläufte ihre Besitzungen. Auch die oberungarischen Güter gingen der Familie im Laufe der Zeit verloren.

QUERELEN UM DEN MAINZER KURHUT

Gerne hätte der Reichsvizekanzler seinen berühmten Onkel noch auf einem anderen Gebiet »beerbt«, nämlich in der Würde eines Mainzer Erzbischofs und Kurfürsten, was im ersten Anlauf 1710 jedoch bereits gescheitert war. Eine neue Situation ergab sich nun mit dem frühen Tod des Erzbischofs Franz Ludwig von Pfalz-Neuburg, der am 18. April 1732 überraschend verstarb. Sofort bemühte sich Friedrich Karl um den Erwerb des freigewordenen Bischofsstuhls und untermauerte seine Bewerbung gegenüber dem Domkapitel mit erheblichen finanziellen »Handsalben«. Französische Quellen benannten die Summe von 100.000 Louisdor. Doch hatte gerade Frankreich kein großes Interesse an einem reichs- und kaisertreuen Schönbornbischof am Rhein. So konnte sich Friedrich Karl ein zweites Mal nicht durchsetzen. Das Domkapitel wählte Philipp Karl von Eltz zum neuen Erzbischof, einen politisch eher schwachen Kandidaten, der seine Aufmerksamkeit mehr den kirchlichen Belangen seines Bistums widmete, was angesichts der schwierigen »Großwetterlage« nicht angemessen erschien. Als der Preußenkönig Friedrich II. 1740 mit dem Überfall auf Schlesien den Österreichischen Erbfolgekrieg eröffnete und Frankreich, Kurbayern sowie Kursachsen als Verbündete gegen Habsburg gewann, drohte das Gebiet des Hochstiftes wieder einmal zwischen den Fronten zerrieben zu werden. Der Kurfürst musste sich von den gegebenen Zusagen zur Kaiserkrönung des Großherzogs Franz Stephan von Toskana-Lothringen, dem Ehegatten Maria Theresias, abwenden und die Wahl des Wittelsbachers Karl Albrecht von Bayern zum neuen Kaiser – dem einzigen nichthabsburgischen Reichsoberhaupt der Neuzeit – einleiten. Ein starkes Heer aus habsburgtreuen Verbündeten marschierte daraufhin im Frühjahr 1743 gen Frankfurt. Die Kriegsgefahr stieg.

Aus dieser brenzligen Lage erlöste der Tod den überforderten Philipp Karl von Eltz. Seinen schwierigen Platz auf dem Kurfürstenstuhl übernahm danach wieder ein Schönbornspross. Allerdings hieß dieser nicht etwa Friedrich Karl von Schönborn, sondern Johann Friedrich Karl von Ostein, über seine Mutter Anne Charlotte Maria ein Neffe von diesem. Er galt als fähiger und kluger Kopf, der dank der Patronage seiner Familie Mainzer Domkustos und Propst des Frankfurter Bartholomäusstifts geworden war, und ihm gelang es, die Kriegsgefahr für sein Hoheitsgebiet zu bannen. Der neue Mainzer Kurfürst wahrte weitgehend Neutralität und schloss einen Subsidienvertrag mit Georg II., Kurfürst von Hannover und König von England, der frisches Geld in die leeren Mainzer Kassen spülte. In enger Abstimmung mit seinen Schönbornonkeln Friedrich Karl (Bamberg/Würzburg), Franz Georg (Kurfürst von Trier) und Damian Hugo Philipp (Bischof von Speyer) setzte er diese Neutralitätspolitik auch für den fränkischen und oberrheinischen Reichskreis, also praktisch für den gesamten süddeutschen Raum, durch. Mit aller Macht suchte die Schönborntruppe dadurch den Frieden im Reich zugunsten der geistlichen und kleineren weltlichen Fürstentümer zu schützen. Verstörende Gerüchte über die von Preußen ins Spiel gebrachte Säkularisation katholischer Hochstifte (neben Würzburg und Bamberg waren u. a. Augsburg,

Eichstätt, Freising und Konstanz im Gespräch) zur Stärkung des wittelsbachischen Kaisertums machten zudem die Runde und sorgten für Verunsicherung. Die geistlichen Fürstentümer bangten um ihre Existenz.

Um 1745 vermittelte Ostein nach dem Tod Kaiser Karls VII. Albrecht einen Frieden zwischen Österreich und Bayern, infolgedessen er endlich Franz Stephan von Lothringen in Frankfurt zum neuen Kaiser krönen konnte und damit eine erneute Annäherung an das Haus Habsburg vollzog. Im Siebenjährigen Krieg (1756–1763) stand der Mainzer Kurfürst folgerichtig an der Seite Habsburgs und des Reiches gegen Preußen, doch schied er aus finanziellen Gründen aus dem Kriegsgeschehen bald wieder aus und war an den Verhandlungen zum Frieden von Hubertusburg (1763) nicht mehr wesentlich beteiligt. Das Reich und seine Institutionen führten nur noch ein Schattendasein.

FÜRSTBISCHOF VON BAMBERG UND WÜRZBURG

Da auf reichspolitischer Ebene kein Lorbeerkranz zu gewinnen war, widmete sich Friedrich Karl mehr und mehr seinen Aufgaben als geistlicher Landesherr. Dass sich die katholische Partei im Reich mit der Wahl des Wittelsbachers so entzweit hatte, darüber blutete ihm das Herz: »Oh, armes Deutschland, oh arme unglückselige katholische Länder, oh bedauernswerter Kaiser«, klagte er in einem Brief an seinen Gesandten Karl Josef von Raab. Einerseits wollte Friedrich Karl an seiner Kaisertreue – und sei es einem bayerischen Thronprätendenten gegenüber – keine Zweifel aufkommen lassen, andererseits unterhielt er weiterhin Kontakte nach Wien und versicherte dem Habsburger-Hof seine unverbrüchliche Loyalität. Seine strikte Neutralitätspolitik konnte gleichwohl Truppendurchzüge und Einquartierungen in seinen Bistümern nicht völlig verhindern. Hartnäckig verweigerte er sich aber jeder Zusammenarbeit mit Preußen, selbst als Friedrich II. im Herbst 1743 persönlich bei den fränkischen Kreisständen vorsprach, um sie auf seine Seite zu ziehen. Friedrich Karl sperrte sich gegen ein Treffen. Es handle sich bei dem österreichisch-bayerischen Konflikt um einen rein privaten Krieg zwischen zwei Fürstenhäusern, betonte er, der das Reich nichts anginge. Der Preußenkönig attestierte ihm hinterher, der »klügste und gefährlichste aller Kirchenfürsten im Reich« zu sein.

Nach ausgestandenem Debakel begrüßte Friedrich Karl als »alter österreichischer und treuer Patriot« naturgemäß die Wahl Franz Stephans 1745 zum neuen Kaiser. Dennoch hatte er alle Hände voll zu tun, um die Wogen am Wiener Hof zu glätten, die durch seine hinhaltende Politik entstanden waren. Da er auf dem Regensburger Reichstag auch weiterhin für sein Konzept eines kreisübergreifenden neutralen Blocks eintrat, blieb die Stimmung am Wiener Hof getrübt.

Trotz der Gefahren von außen leitete der gemäßigt absolutistisch regierende Landesvater umfassende Reformen im Innern seiner Hochstifte ein: vor allem in den Bereichen Verwaltung, Justiz und Wirtschaft. Als oberstes Gebot galt es, den Haushalt zu sanieren und die Schulden der Vorgänger abzutragen. Lothar Franz hatte ihm einen stattlichen privaten Schuldenberg hinterlassen, der durch fällige Zinszahlungen bis 1733 auf über 1,2 Millionen Gulden angeschwollen war. Sparen war eigentlich das Gebot der Stunde. Doch Friedrich Karl wollte weder an seiner Hofhaltung noch am prächtigen Zeremoniell, geschweige denn an seinen Bauprojekten harte Einbußen hinnehmen. Den Weiterbau der Würzburger Residenz trieb er energisch voran. Zusätzlich plante er noch einen repräsentativen, verkehrsgünstig zwischen seinen Metropolen Würzburg und Bamberg gelegenen Landsitz in dem kleinen Marktflecken Werneck. Balthasar Neumann errichtete ihm hier zwischen 1733 und 1745 das stattliche Sommerschloss Werneck mit Barockgarten, wo der Fürstbischof zur Erholung weilen und zur Jagd reiten konnte.

Da an den Bauvorhaben nicht gerüttelt werden sollte, hoffte Friedrich Karl die Einnahmenseite durch eine effizientere Arbeit seiner Zentralbehörden – vor allem der Steuer- und Finanzverwaltung – zu vergrößern. Mit neuen Kanzleiordnungen und einer Flut von Verordnungen zog er gegen Misstände und nachlässige Beamte zu Felde. Für Amtsträger auf dem Land galt fortan strikte Anwesenheitspflicht; auf Korruption und nicht angezeigte Nebeneinkünfte standen harte Strafen. Kleinlich regelte er Zuständigkeiten und Dienstzeiten seiner Beamtenschaft, sorgte aber auch für eine gerechtere Bezahlung aus Naturalien, Lohn und Gebühreneinnahmen. Er ging dazu über, nur noch juristisch geschultes Personal zu beschäftigen, von dem er Disziplin erwarten konnte.

Neben den direkten Steuern füllte eine Reihe von indirekten Steuern auf Bier, Wein, Fleisch und Mehl die fürstlichen Kassen. Auf die pünktliche Abgabe der diversen Steuern legte Friedrich Karl viel Wert. Seine Steuereintreiber wies er an, alle Einnahmen binnen Monatsfrist an das Kammerzahlamt abzuführen und die Quittierung offenzulegen. Sämtliche Einnahmearten mussten getrennt aufgeführt und im Vier-Augen-Prinzip sowie unter Beisein eines Gegenschreibers bestätigt werden.

Neue Einnahmequellen erschlossen Handel und Wirtschaft. Um die Mainschifffahrt zu beleben und die Einnahmen aus Zöllen, Waag- und Geleitzwang zu steigern, ließ er Kitzingen zum Handelsumschlagsplatz ausbauen. In Würzburg errichtete der bewährte Neumann ein Kaufhaus am Markt mit sieben Läden im Erdgeschoss, in dem die Bevölkerung ihren Warenbedarf decken konnte. 1740 rief der Fürstbischof zudem eine »Commercien-Commission« als Organ der Hofkammer ins Leben, die das Handelswesen unter obrigkeitlicher Aufsicht lenkte. Wo möglich förderte der Bischof die noch spärlich entwickelte Privatinitiative durch Vergabe von Privilegien und Monopolen: Balthasar Neumann pachtete eine Glashütte in Schleichach und gründete daraus in Würzburg eine Spiegelfabrik, die den Hof belieferte; der italienische Graf Giovanni Battista Celini wagte sich an den Tabakanbau; im privatwirtschaftlich organisierten Zucht- und Arbeitshaus stellten die Insassen Tuche für die Armee her. Da es für die meisten Produkte aber noch keinen nennenswerten Käuferkreis gab, blieben die Unternehmungen meist chronisch defizitär.

Immerhin gelang Friedrich Karl das Kunststück, während seiner Regierungszeit die Einnahmen des Hochstifts Würzburg von 344.000 Gulden auf 524.000 Gulden zu steigern und gleichzeitig die Ausgaben von 291.000 Gulden auf 250.000 Gulden zu senken – obwohl sein Herrschaftsgebiet von zahlreichen kleineren adligen und geistlichen Liegenschaften so durchlöchert war, dass an eine einheitliche Wirtschaftspolitik gar nicht zu denken war. In Bamberg ergab sich das gleiche Bild von steigenden Einnahmen bei gleichzeitig sinkenden Ausgaben.

Gleichwohl blieb die Armut in Franken groß. Die Höfe im Acker- wie im Weinbau fielen durch die häufigen Erbteilungen recht klein aus und reichten kaum zum Leben; Missernten und Viehseuchen trieben die Lebenshaltungskosten so in die Höhe, dass viele Bauern überschuldet waren. Neben der Landwirtschaft gab es so gut wie keine anderen Erwerbsmöglichkeiten. Fast zwei Drittel der Bevölkerung blieben vom Weinanbau abhängig; die Not trieb viele zur Auswanderung.

Angesichts der grassierenden Armut hielt der Fürstbischof die Aufrechterhaltung von »Tugend, Ordnung und Gehorsam« für seine allerhöchste Regentenpflicht: Gegen landfremde Bettler ging er mit Hilfe von Husarenpatrouillen vor, die das fahrende Volk an den Grenzen aus dem Land trieben oder, sofern möglich, zum Militärdienst einzogen. Für einheimische Arme wurden in Würzburg und Bamberg 1731/32 Zucht- und Arbeitshäuser eingerichtet, wo sie zur »Besserung« ihres Lebenswandels zu strenger Handarbeit herangezogen wurden. Um künftiger Not vorzubeugen, erließ der Bischof Heiratsmandate, die Eheschließungen von einem Mindestvermögen abhängig machten. Wer nicht so viel besaß, hatte nur die Möglichkeit auszuwandern, um eine Ehe einzugehen. Andererseits unterhielt Friedrich Karl für unverschuldet in Not geratene Kranke und Alte eigene soziale Einrichtungen, so in Kitzingen ein Pflegeheim für versehrte Soldaten, in Bamberg das Katharinenspital oder in Würzburg das traditionsreiche Juliusspital, das auf 400 Plätze erweitert wurde.

Bildung und Wissenschaft förderte er gleichermaßen sehr engagiert. Gleich nach seinem Regierungsantritt 1729 leitete er eine Reform der Würzburger Universität in die Wege. Der Fokus sollte nicht mehr allein auf Theologie liegen, sondern »zur Glückseligkeit des Hochstifts« und zum »gemeinen Nutzen« die praktisch anwendbaren Wissenschaften aufwerten. Die juristische Fakultät wurde um die Bereiche Naturrecht und öffentliches Recht, Staatenkunde, Territorialgeschichte und -recht sowie Reichs- und Kirchengeschichte erweitert, denn Friedrich Karl wollte qualifiziertes Personal für seine Verwaltung heranziehen. Der namhafte Jurist Johann Adam von Ickstatt konnte 1731 für den neuen Lehrstuhl Staats-, Natur- und Völkerrecht gewonnen werden. Infolge der Reformen blühte die Würzburger Universität auf. Sie zählte zu den nachgefragtesten katholischen Universitäten im Reich und verzeichnete im Durchschnitt 286 Studenten im Jahr.

Ebenso profitierte die Bamberger Akademie von der fürstbischöflichen Initiative: Sie wurde 1735 um eine juristische Fakultät erweitert und damit zur Volluniversität aufgewertet. Für die Einrichtung zweier neuer Professuren griff Friedrich Karl sogar persönlich in die Tasche und stiftete für jede 4000 Gulden; eine geplante dritte verhinderte nur sein Tod.

Seine Ideen zur Finanzierung des Bamberger Priesterseminars stürzten ihn dagegen in langanhaltende Streitigkeiten mit dem dortigen Domkapitel. 1730 forderte er alle Geistlichen auf, bei Neuantritt einer Stelle oder Pfründe auf das erste Halbjahresgehalt zugunsten des Seminars zu verzichten. Die Domkapitulare winkten dankend ab, woraufhin der selbstbewusste Bischof die Machtprobe wagte. Als 1738 ein nämlicher Fall eintrat und Friedrich Karl die Propstei-Einkünfte des Stifts St. Stephan, das eigentlich dem Kapitel unterstand, einfach einbehielt, wurde aus der Angelegenheit ein Präzedenzfall um die Machtverteilung im Bistum; das Domkapitel zog vor das Reichskammergericht und bekam Recht. Friedrich Karl akzeptierte das Urteil nicht. Es entbrannte ein publizistisch ausgetragener Kleinkrieg zwischen den Instanzen, der bis zu seinem Tod nicht beendet werden konnte. Die Bamberger zeigten sich nachhaltig vergrätzt: Nach dem Ableben Schönborns suspendierten sie seine Hofräte und Beamte und entließen zwei seiner Familienmitglieder aus ihren Geheim- und Hofratsstellen.

Dennoch blieb Friedrich Karl nach seinem Tod am 25. Juli 1746 in Würzburg als positiver Landesfürst in Erinnerung. Er selbst glaubte von sich, »dass meinem Lebenswandel, meiner Schuldigkeit, meinem Fleiß und mir überhaupt der Vorwurf des Eigennutzes nicht auszustellen seye«. »Tue recht und scheue niemand; höre jedermann an, übersehe, was möglich, corrigo allenfalls mansuete«, lautete seine Maxime. An seinem Selbstbild zweifelten indes nur wenige. Stets hatte Friedrich Karl Volksfrömmigkeit, Wallfahrtswesen und Kirchenbau gefördert. Über 100 Kirchen waren in Franken während seiner Regierung erbaut oder renoviert worden – viele davon hatte er selbst eingeweiht. Er liebte prächtige Liturgien, nahm gerne Weihen und Sakramente persönlich vor. Dennoch war er kein konfessioneller Hardliner, was selbst die protestantische Seite lobend hervorhob. Mit den evangelischen Markgrafen von Brandenburg-Ansbach und Brandenburg-Bayreuth hatte Friedrich Karl trotz politischer Differenzen in guter Nachbarschaft gelebt. Auch nach der Vertreibung der Salzburger Protestanten durch den dortigen Erzbischof zeigte er sich milde und gewährte den Glaubensflüchtlingen den Durchzug durch seine fränkischen Lande. So hatte er sich Anerkennung weit über das katholische Lager hinaus erworben.

Der Leichnam des 72-jährigen, der mitten im Sommer an einer Lungenentzündung verstorben war, wurde wie von ihm gewünscht an den Stätten seiner Wirkung beigesetzt. In der Gruft der Schönbornkapelle im Würzburger Dom fand sein Körper die letzte Ruhe, sein Herz wurde in der Schatzkammerkapelle des Bamberger Domes beigesetzt, die Eingeweide in die Loretokapelle von Göllersdorf gebracht.

7. Ein Bau von europäischem Format: Die Würzburger Residenz

DER RESIDENZBAU UNTER FRIEDRICH KARL VON SCHÖNBORN

Den Weiterbau der Würzburger Residenz nahm Friedrich Karl sofort nach seiner Wahl zum Fürstbischof im Jahr 1729 energisch wieder auf. Vorerst stand nur der Nordblock, etwa ein Fünftel der gesamten Baumasse – ab 1730 ließ der Fürstbischof das südliche Pendant dazu in Angriff nehmen. Die gesamte Bauleitung übertrug er wiederum dem bewährten Balthasar Neumann, dank dessen Organisationstalent die Arbeiten rasch voranschritten. 1732/33 wurden die Fronten gegen den Ehrenhof hochgezogen, ab 1735 die Mauern des Corps de logis, zwei Jahre später das Treppenhaus begonnen, 1740 stand die Gartenfront. Die Einwölbung von Weißem Saal, Kaisersaal und Treppenhaus erfolgte in den Jahren zwischen 1742 und 1743. Bereits im Dezember 1744, 24 Jahre nach der Grundsteinlegung, konnten der Rohbau vollendet und das Richtfest gefeiert werden. Stolz klang aus den Worten der Bauleute und Künstler, die dem Bauherrn eine Glückwunschadresse in Versform zu dieser Gelegenheit zukommen ließen: »Dein Ruhm, oh Fürst, wird ewig hier verbleiben! So lang ein Quater-Stein nur auf dem andern steht, die Musen werden dir ein solches Denkmal schreiben, das weder durch die Zeit noch sonst zu Grunde geht.«

Wie Recht sie doch hatten: Unter der sorgsamen Hand Balthasar Neumanns war ein Meisterwerk des Spätbarock emporgewachsen, das Zeitgenossen wie Nachwelt zutiefst beeindruckte, führte es doch barocke Stilrichtungen aus ganz Europa zu einer einzigartigen Synthese. Die französische Schlossarchitektur, der italienische Palastbau, der Wiener Kaiserbarock gingen hier ineinander über. Außergewöhnlich erschien schon der Grundriss, für den Neumann zwei an sich konträre Schlosstypen – das dreiflügelige Lustschloss und das vierflügelige Stadtschloss – miteinander kombinierte. Er ging damit auf die Besonderheiten des Baugrundstücks ein, das einerseits, ganz am Rande der Stadt gelegen, mit seinen rückwärtigen Gartenflächen den Erfordernissen des Lustschlossbaus entsprach, andererseits aber durch seine Lage innerhalb des Befestigungsrings ebenso vollständig der Stadt zuzurechnen war. Die Seitentrakte plante Neumann als jeweils verdoppelte Vierflügelanlagen mit zwei Binnenhöfen. In Kombination mit dem sie verbindenden Mittelteil ergab sich gleichzeitig jedoch eine U-förmige Dreiflügelanlage mit offenem Ehrenhof zur Stadt hin. So präsentierte sich der Bau aus diesem Blickwinkel mit seiner strengen Fassadengliederung, seiner eindrucksvollen Höhe von 22 Metern und seinem 55 Meter tiefen Ehrenhof als hochherrschaftliches Stadtschloss, ließ aber rückwärtig durch seine 169 Meter breite Gartenfront mit dem deutlich herausgehobenen Mittelpavillon nichts von der Leichtigkeit eines heiteren Lustschlosses vermissen.

Kühl berechnete der Architekt die Wirkung der Anlage: vom dichten Häusergewirr der Altstadt kommend, fuhr der Besucher mit seiner Kutsche zunächst auf den weitläufigen, nach innen leicht ansteigenden Residenzplatz, an dessen hinterem Ende sich der beeindruckende gewaltige Baukörper der Residenz auftürmte. Ein frei in den Platz schwingendes Prachtgitter (heute nicht mehr vorhanden) gewährte ihm den Zutritt in den tief eingeschnittenen Ehrenhof, womit er den eigentlichen Schlossplatz betrat. Die Schaufront präsentierte sich von dort aus in überwältigendem Schmuck: Die neunachsige Hauptfassade des Ehrenhofes prägte ein reich mit Säulenportikus, Balkon, Dachbalustrade, Skulpturen und Prunkgiebel herausgehobener Mittelrisalit mit drei hohen Bogenfenstern. Nicht nur ein, sondern gleich drei große Einfahrtstore gewährten Eintritt ins Innere. Unübersehbar war, wem Würzburg diese bedeutende Residenz zu verdanken hatte: Das riesenhafte Schauwappen im Giebel zeigte das Schönbornwappen zwischen zwei aufgerichteten Löwen, bekrönt vom Fürstenhut, aber nochmals überhöht von der Kaiserkrone. Zwei geflügelte Allegorien der Fama posaunten den Ruhm des fürstbischöflichen Geschlechts in alle Lande. Die

Die Würzburger Residenz vereinigt in sich viele Spielarten des europäischen Barock. Sie ist dadurch ein Gesamtkunstwerk mit universalem Anspruch.

Schönbornbischöfe empfingen ihre Gäste mit dem deutlichen Hinweis auf sich selbst.

Durch das Portal fahrend, gelangte der Gast in das Vestibül, um von dort aus über das Treppenhaus die Prunkräume im Obergeschoss zu erreichen. Die bekannte Raumfolge Vestibül – Treppenhaus – Corps de logis hatte inzwischen ihren bewährten Platz im fürstlichen Zeremoniell gefunden, doch Neumann führte sie durch seine geschickte Lichtregie und originelle Laufführung in Würzburg zu einem bislang unbekannten Höhepunkt. Den Eingangsbereich des Vestibüls gestaltete er breit genug, um eine mehrspännige Karosse darin wenden zu lassen, jedoch so dunkel und von geringer Deckenhöhe, dass dem Raum etwas Erdenschweres anhaftete. Die stützenlose Halle säumten an zwei Seiten weite Arkaden, getragen von Doppelsäulen und Pilastern. Mächtige Figuren der Atlanten, herausgemeißelt aus den Bossen der Pilaster, schienen die schwere flache Decke auf ihren Schultern zu tragen. Geradeaus ließ Neumann den Gartensaal folgen, der sich direkt zu den barocken Gartenanlagen hin öffnete. Auch diesen Raum gestaltete der Architekt unverhältnismäßig niedrig, verlieh ihm aber dennoch ein leichtes, nicht zu bedrückendes

Ambiente durch einen Kranz von 12 schlanken Marmorsäulen, die das querovale Zentrum säumten und dabei einen Umgang bildeten, den man eher aus Sakralräumen kannte. Die spätere Ausstattung des Gartensaals mit zarten Stuckkaturen des Italieners Antonio Bossi und einem Deckengemälde von Johann Zick (1750), welches ein »Göttermahl« und die »Rast der Diana« darstellte, verstärkte durch ihre kühle, dunkle Farbgebung den Eindruck, dass Gartensaal und Vestibül dem irdischen Bereich verhaftet waren.

Wollte der Besucher zur lichten Höhe der fürstlichen Gnaden aufsteigen, musste er sich vom Vestibül aus um 90 Grad drehen und, den Rundbogen hindurchschreitend, das Stiegenhaus betreten, das ihn Stufe für Stufe aus der Dunkelheit des Säulenwaldes zur Helligkeit führte. Der erste Treppenabschnitt endete für den Emporsteigenden zunächst vor einer schmucklosen kahlen Wand, vor der er sich auf einem Wendepodest erst zu drehen hatte, um weiter voranzukommen. Von hier aus nahm er völlig überraschend erstmals die lichte Weite des fünfschiffigen Treppenhauses wahr. Zwei parallel geführte Treppenläufe wiesen ihm den weiteren Weg nach oben, wo immer mehr Licht einfiel. Durch den Einbau von weiteren Ruhepodesten ergaben sich erneut wechselnde Perspektiven in den Raum. Ganz oben angekommen, erlebte der Gast den durch große Fenster hell ausgeleuchteten stützenlosen Saalraum mit seinem Umgang wie eine Befreiung. Von hier aus konnte der Besucher sein Auge über den gesamten Raum schweifen lassen, das Ausstattungsprogramm betrachten und den Treppenschacht hinabblicken, der sich ihm zu seinen Füßen wie ein Schlund auftat.

Gebührend beeindruckt, betrat der Besucher im Anschluss durch eine der beiden Flügeltüren den Weißen Saal, der ihm durch seine feinen weißen Stuckarbeiten und den Verzicht auf eine farbige Deckenmalerei nach dem überwältigenden Erlebnis des Treppenhauses ein klein wenig Ruhe vergönnte. Nur die roten Uniformen der fürstbischöflichen Gardisten setzten einen besonderen Farbakzent, um den Gast auf den kommenden Höhepunkt vorzubereiten. Noch einmal musste

Mit der in 24-jähriger Bauzeit errichteten Würzburger Residenz hinterließen die Schönborns einen Bau von europäischem Format. Die aquarellierte Zeichnung (1731) zeigt den feierlichen Einzug Friedrich Karls noch während der Bauarbeiten.

sich dieser um 90 Grad drehen, um linkerhand den Kaisersaal zu betreten, der zu Zeiten Friedrich Karls noch Speisesaal genannt wurde. Dieser prunkvolle, an sich für den Empfang des Kaisers vorgesehene Festsaal war der krönende Abschluss der gesamten Raumfolge, bildete den zeremoniellen Höhepunkt im Protokoll und sollte durch sein Bildprogramm die zentralen politischen Vorstellungen des Hausherrn über Kaiser, Reich und Kirche veranschaulichen. Gleichzeitig eröffnete er nach Norden und Süden jeweils den Zugang zu den Prunkappartements, die dem Kaiser und der Kaiserin vorbehalten waren.

DAS TREPPENHAUS

Das Treppenhaus der Residenz war der genialste Einfall Balthasar Neumanns. In den ersten Bauplänen hatte man zu beiden Seiten des Vestibüls ursprünglich zwei symmetrisch angeordnete Treppenhäuser vorgesehen, diese Idee aber auf Empfehlung der französischen Architekten de Cotte und Boffrand wieder fallen lassen. Neumann plante fortan »eine

Hauptstieg mit einem großen Gang umb und umb«, die sich allerdings nicht zentral, sondern nördlich des Vestibüls erhob. In einen über 23 Meter hohen, weitläufigen Raum von 31 Metern Länge und 19 Metern Breite stellte er eine repräsentative Treppe, die bis zum ersten Wendepodest einläufig, ab dann in zwei parallelen Läufen getrennt nach oben führte. Um im Obergeschoss mehr Platz für den Umgang zu haben, eliminierte der Architekt den dort vorgesehenen Stützenkranz und wagte sich daran, das fünfschiffige Treppenhaus mit einem einzigen freitragenden Muldengewölbe zu überspannen. Selbst der erfahrene Lucas von Hildebrandt hielt diese Idee für völlig vermessen und prophezeite den Einsturz des Gewölbes. Doch Neumann, der Militäringenieur, war sich sicher, es sei so stabil, dass er eine Batterie Kanonen darunter abfeuern könne, und behielt mit seiner Einschätzung Recht – das Muldengewölbe erwies sich als so tragfähig, dass es selbst dem Bombenhagel des Zweiten Weltkriegs widerstand. Neumann schuf darüber hinaus einen völlig neuen Raumeindruck, denn anders als im Treppenhaus von Schloss Pommersfelden, wo der Umgang gesondert überwölbt und durch Arkaden vom Treppenschacht getrennt worden war, gewann Neumann mit seiner Lösung in Würzburg durch die große Spannweite des Gewölbes deutlich an Platz. Die Balustraden, die die Treppen an den Seiten begleiteten, konnten oben wie Schmuckgitter um den offenen Treppenkern geführt werden. Der frei überschaubare Raum eignete sich damit bestens für die Aufstellung des Hofgefolges, das zum Empfang eines hochrangigen Gastes dort zusammenkam, und wandelte sich damit zur glänzenden Bühne für das Zeremoniell.

Das innovative Raumkonzept mit seiner bewussten Steigerung von Licht und Weite nach oben hin brachte Balthasar Neumann höchsten Ruhm ein. »Das allerschönste aber ist das Stiegenhaus und das Vestibül und seine ungemein große gewölber«, schrieb schon der Bauherr Friedrich Karl von Schönborn begeistert an Hildebrandt. Als Ausmalung und Stuckierung endlich fertig waren, bezeichnete es sein Nachfolger Adam Friedrich von Seinsheim 1765 als »eine der schönsten

piece des ganzen manifiquen gebäu«. Das sahen viele so. Die Markgräfin Wilhelmine von Ansbach-Bayreuth, gewiss keine Freundin der geistlichen Staatenwelt, nannte die Würzburger Residenz gar »das schönste (Schloss) Deutschlands. Die Treppe ist köstlich und alle Appartements sind weit und geräumig.« Und der Feldmarschall Johann Josef Harrach äußerte sich 1730 über »cette fameuse residence« ebenso begeistert wie die Schwester Friedrich II. von Preußen. Und selbst 1805, als der Barockstil längst als überholt galt, nannte sie der Reiseschriftsteller Carl Gottfried Scharold den schönsten von allen Palästen der Herrscher Deutschlands: »Man sieht sie von außen, und man staunt und bewundert; man beschaut ihr Inneres, und man wird entzückt.« An dieser Einschätzung hat sich bis heute nichts geändert. Die Würzburger Residenz wurde 1981 von der UNESCO zum Welterbe erklärt.

Das Treppenhaus sah viele festliche Aufzüge. Zwar war die Hauptraumfolge Vestibül – Treppenhaus – Weißer Saal – Kaisersaal an sich dem Kaiserbesuch vorbehalten, doch hatte Neumann das Treppenhaus in seiner Anlage so konzipiert, dass man über dieses und den Weißen Saal auch die fürstbischöflichen Audienz- und Prunkräume erreichen konnte. So schritten über die Haupttreppe auch ausländische Gesandte und andere Staatsgäste zum Fürstbischof empor. Friedrich Karl von Schönborn empfing an hohen kirchlichen Feiertagen gern das Domkapitel in seiner Residenz und richtete dort ein Festessen aus. Gerne betätigte er sich zu solchen Gelegenheiten als Schlossführer, um die Schönheiten seines Residenzgebäudes gebührend zur Schau zu stellen.

DAS AUSSTATTUNGSPROGRAMM

Zu Lebzeiten Friedrich Karls konnten Innenausstattung und Gartenanlagen der Residenz nicht fertig gestellt werden. Sie erfolgten erst unter den Bischöfen Karl Philipp von Greiffenclau

◀ ***Raum- und Bildprogramm sind im Treppenhaus der Würzburger Residenz genial aufeinander abgestimmt. Mit jedem Schritt nach oben eröffnet sich ein neuer Bildausschnitt.***

(reg. 1749–1754), seinem Cousin zweiten Grades, und Adam Friedrich von Seinsheim (reg. 1755–1779), der über seine Mutter Anna Philippina, eine Schwester Friedrich Karls, ebenfalls dem Schönbornclan angehörte. Doch schon Friedrich Karl hatte sich Gedanken zur Ausgestaltung seiner Prunkräume gemacht: 1735 unterbreiteten ihm die beiden Jesuitenpater Seyfried und Gilbert in ihren »Ohnvorgreifflichen Gedanken auf was Arth die Malhery in der neuen hochfürstlichen Residenz vorzustellen sey werde« Vorschläge zum ikonografischen Programm. Überraschenderweise favorisierten sie dafür keine allegorisch-mythologische Thematik wie sonst üblich, sondern griffen auf die Vergangenheit des Würzburger Bistums zurück. Über 600 Jahre alte Ereignisse sollten visualisiert werden, um in dem kompletten Neubau der Residenz an die historischen Wurzeln des fränkischen Fürstbistums zu erinnern. Friedrich Karl griff diese Gedanken auf und ließ erste Gewölbeentwürfe anfertigen, die die enge Beziehung Frankens zu Kaiser Friedrich Barbarossa im Mittelalter darstellten. Es waren erst vage Überlegungen, als 1742 ein Wittelsbacher zum Kaiser gekrönt wurde und der Preußenkönig Friedrich II. infolgedessen laut über die Säkularisation geistlicher Territorien nachdachte. Unter dem Eindruck dieser existentiellen Bedrohung verfestigten sich die Ideen aber, und Friedrich Karl klammerte sogar zwei ursprünglich für das Treppenhaus geplante Barbarossa-Szenen aus, um sie an den prominentesten Ort der Prunkräume, den Kaisersaal, zu übertragen: Zum einen war dies die Hochzeit Kaiser Friedrich Barbarossas mit Beatrix von Burgund, die 1156 in Würzburg unter Bischof Gebhard stattgefunden hatte, zum anderen die Belehnung des Würzburger Bischofs Herold mit der fränkischen Herzogswürde und allen damit einhergehenden Rechten und Privilegien auf dem Würzburger Reichstag 1168. Eindrücklich erinnerten diese Szenen an die enge Verbindung von Kaiser und Kirche sowie an die herausgehobene Machtposition der Reichsbischöfe, die diese im Auftrag des mittelalterlichen Kaisertums einnahmen. Nur im Zusammenwirken von Kaiser, Fürsten und Bischöfen bestand das Reich und garantierte für alle den Frieden, so die Botschaft; wurde ein Stein herausgelöst, wie vom Preußenkönig vorgeschlagen, brach die ganze Ordnung wie ein Kartenhaus in sich zusammen.

Auf die Schnelle konnte Friedrich Karl sein Bildprogramm jedoch nicht umsetzen. Als nach dem Tod des Wittelsbachers die Krönung eines Habsburger Kandidaten anstand, tat er zwar alles, um das neue Kaiserpaar im Zuge seines Krönungszuges nach Frankfurt auch nach Würzburg zu locken, hatte aber nicht viel mehr als weiße Wände vorzuweisen. Die Irritationen, die zwischen ihm und dem Wiener Hof aufgrund seiner Loyalität dem Wittelsbacher gegenüber entstanden waren, musste Schönborn nun rein verbal ausräumen. In aller Eile versteckte man die kahlen Wände hinter Dekorationsattrappen und gab Franz Stephan und Maria Theresia bei ihren Besuchen im Juli beziehungsweise im September 1745 wortreiche Führungen durch die gerade erst fertig gestellten Residenzräume. Hinter verschlossenen Türen traf sich Schönborn mit Maria Theresia sogar zu vertraulichen Gesprächen, um die Wogen zu glätten. Die kaiserlichen Hoheiten zeigten sich zwar vom Schlossbau sehr angetan, lobten seine Größe und Pracht, blieben dem Gastgeber gegenüber aber reserviert. Friedrich Karl von Schönborn bekam keine Gelegenheit mehr, die Erwartungen seiner hohen Besucher auf ein Kaisertreue vermittelndes Bildprogramm zu erfüllen, denn er verstarb im Juli 1746. Erst sein Nach-Nachfolger Karl Phillipp von Greiffenclau sollte die angedachte Raumausstattung mit dem gewünschten politischen Bekenntnis in die Tat umsetzen.

Greiffenclau, der nach einem kurzen und künstlerisch völlig unerquicklichen Intermezzo durch Bischof Anselm Franz von Ingelheim 1749 den fürstbischöflichen Stuhl bestieg, übernahm bereitwillig die Planungen aus der Schönbornzeit. Die aus dem Rheingau stammende Reichsritterfamilie Greiffenclau war mit den Schönborns seit langem bekannt und versippt und hatte wie diese ihre Karrierechancen in der Reichskirche gefunden. Der 1690 auf dem Stammschloss Vollraths geborene Karl Philipp war ein Cousin zweiten Grades von

Friedrich Karl von Schönborn. Er besaß eine umfassende und vielseitige Bildung, hatte in Mainz, Rom, Turin und Paris studiert und gehörte seit seinem 15. Lebensjahr dem Würzburger Domstift an. Seit 1728 war er Mitglied des Domkapitels, seit 1738 wirkte er als Rektor der Universität Mainz. Nach seiner Wahl zum Würzburger Bischof nahm er sofort wieder die Arbeiten an der Residenz auf und entfaltete eine üppige, glanzvolle und sein Budget überschreitende Hofhaltung.

Der kaisertreuen Politik der Schönborns eng verbunden, war es auch Greiffenclau angelegen, im Hauptrepräsentationssaal, dem Kaisersaal, durch die Barbarossa-Fresken die herausgehobene reichsrechtliche Stellung des Würzburger Bistums zu betonten. Er wollte deren Bildaussage aber durch ein zentrales Deckengemälde noch ergänzt und verstärkt sehen: Dieses sollte nach seiner eigenen Intuition einen »prächtigen Thron« zeigen, »auf welchem der Genius Imperii sich niederlasset«, sowie einen von Apoll geführten Sonnenwagen, in dem die kaiserliche Braut Beatrix von Burgund dem Genius zugeführt wird. Mit dieser Idee erschloss Greiffenclau dem Bildprogramm eine überzeitliche Dimension: Während die an den seitlichen Deckenwänden dargestellten historischen Ereignisse längst der Vergangenheit angehörten, huldigte das Deckengemälde in der Gestalt des Genius Imperii dem Reichsgedanken als zeitloser Größe. In einer Art mythischer Vermählung band sich der Kaiser darin auf ewig, allen Zeitläuften zum Trotz, an dieses Reich und verpflichtete sich damit zum Schutz der Reichskirche. Das »Heilige Römische Reich«, das in der Regierungszeit Barbarossas in Urkundentexten erstmals tatsächlich als »sacrum imperium« erscheint, wurde damit den Zeitgenossen als heiliges, unantastbares Gebilde mahnend in Erinnerung gerufen.

Zur Umsetzung dieses schriftlich nur in den Grundzügen ausformulierten künstlerischen Programms benötigte Greiffenclau allerdings einen erfahrenen Maler, der es selbständig und ästhetisch ansprechend umzusetzen vermochte. Nach längeren Überlegungen und Vorverhandlungen engagierte er 1750 unter hohen Kosten den berühmten Giambattista

Tiepolo (1696–1770) aus Venedig. Allein seine Wahl war bereits ein politisches Statement, denn am Wiener Kaiserhof liebte man – konträr zum französischen Kunstgeschmack – das kräftige Kolorit der venezianischen Malerei und zog seit Langem für repräsentative Aufträge Künstler aus der Lagunenstadt heran. Über den in Venedig tätigen Würzburger Kaufmann Lorenz Mehling ließ der Fürstbischof erste Kontakte zu Tiepolo knüpfen. Für das stolze Honorar von 10.000 Rheinischen Gulden nahm der 54-jährige Meister den Auftrag zur Ausmalung des Kaisersaals an und traf mit seinen beiden Söhnen Domenico und Lorenzo im Dezember 1750 in Würzburg ein. Sein vorzüglicher Ruf eilte ihm voraus – er galt als der beste Maler Venedigs seiner Zeit!

Die Aufgabe, die ihn in Würzburg erwartete, war gleichwohl selbst für ihn eine Herausforderung. Zunächst musste er die Kaisersaalfresken nach den gewünschten Vorstellungen ausführen, was er in der Rekordzeit von anderthalb Jahren bewältigte. Bereits im Juli 1752 präsentierte er zur völligen Zufriedenheit seines Auftraggebers sein farbenfrohes Werk. In prächtiger Farbgebung erstrahlten die beiden Szenen »Hochzeit Barbarossas mit Beatrix von Burgund« und »Verleihung der fränkischen Herzogswürde durch Barbarossa an den Würzburger Bischof« an den seitlichen Wandpartien, überwölbt vom Deckenfresko »Apoll führt dem Kaiser im Sonnenwagen die Braut zu«. Tiepolo hatte zur Herstellung des Aktualitätsbezugs für die historischen Figuren die kostbare Kleidermode um 1600 gewählt und der Figur des Würzburger Fürstbischofs die Gesichtszüge Karl Philipps von Greiffenclau verliehen. Der einerseits vor dem Brautpaar stehende, andererseits für die Belehnung niederkniende Bischof machte die wechselseitige Abhängigkeit von geistlicher und weltlicher Macht augenscheinlich. Über allem thronte im Deckenbild in jugendlicher Gestalt die Personifizierung des Reiches, über der die Göttin des Ruhmes schwebte. In voller Fahrt preschte der von Apoll geführte Sonnenwagen über Wolkenberge hinweg mit der Braut Beatrix heran – noch im selben Kleid wie in der Hochzeitsdarstellung. Den mächtigen Thron

Die ganze Welt im Blick – Tiepolos Deckenfresko im Treppenhaus der Würzburger Residenz

Das Treppenhaus der Würzburger Residenz gehört zu den absoluten Höhepunkten barocker Raumgestaltung, denn Giambattista Tiepolo gelang nicht nur ein atemberaubend großes, sondern auch ein ganz auf die Architektur ausgerichtetes, mit den Licht- und Blickverhältnissen korrespondierendes Deckengemälde. Es zeigt, direkt über dem Hauptgesims beginnend, in vier großen Figurengruppen die Personifikationen der Erdteile Amerika, Asien, Afrika und Europa und darüber den in einer Strahlenglorie über dem Gebälk eines Rundtempels emporschwebenden Apollo, umgeben von zwei Genien. Um den Lichtgott herum gruppieren sich in der Himmelszone die Allegorien der vier Jahreszeiten und die Planetengötter. Über den Köpfen der Europagruppe entschwebt das Porträt-Medaillon mit dem Abbild Fürstbischof Karl Philipps von Greiffenclau, begleitet von den geflügelten Allegorien des Ruhms und der Tugend, in die Höhen der Unsterblichkeit.

Der Maler verstand es, das riesige Gemälde so zu gliedern, dass mit jedem Treppenabsatz und mit jedem Laufrichtungswechsel ein neuer Abschnitt seines vielschichtigen Figurenensembles zum Vorschein kam. Sehr fantasievoll gestaltete er die Erdteile: Afrika fast nackt auf einem Dromedar, begleitet von exotischen Tieren wie Vogel Strauß und kleinen Affen; Asien auf einem prächtigen Elefanten thronend mit einem Turban auf dem Kopf, neben ihr Männer mit Stöcken, die versuchen, eine wilde Raubkatze zu bändigen; Amerika mit bunter Federkrone reitet auf einem mächtigen Krokodil mit aufgesperrtem Maul; ihre Begleiter gehen mit Pfeil und Bogen auf die Jagd. Als »Königin der ganzen Welt« erscheint dagegen Europa, reich gekleidet und vor einer Stadtkulisse sitzend. Sie versammelt alle nur erdenklichen Künste und Wissenschaften um sich. Zu ihrem Attribut zählt der mythische Stier, Pagen präsentieren Krummstab, Kreuz und Mitra als Zeichen ihres christlichen Glaubens. Die Darstellung der diversen Künste gab Tiepolo reichlich Gelegenheit, hier seine am Residenzbau beteiligten Kollegen zu verewigen: Den Architekten Balthasar Neumann stellte er in violetter Uniform, auf einem Kanonenrohr sitzend, im Vordergrund der Scheinarchitektur dar, rechts hinter ihm, eingehüllt in einen weiten ockergelben Mantel, ist der Stuckateur Antonio Bossi zu sehen, während der Maler selbst, ganz an den linken Rand gerückt, mit ernstem und etwas erschöpftem Blick auf sein vollendetes Werk herabschaut. Seine Söhne Domenico und Lorenzo hat er – als Page und Kavalier verkleidet – ebenfalls im Bild versteckt.

Betrat man vom Vestibül aus die Treppenstiege, sah man zunächst nur den prominenten Bildausschnitt mit der wilden Amerika, dem gewaltigen Krokodil und der drohenden dunklen Wolke über den Köpfen der beiden. Je weiter der Besucher nach oben kam, umso mehr Einzelheiten offenbarten sich ihm. Er erblickte Apoll in lichter heller Höhe, nach und nach traten über den Balustraden an den Längsseiten Afrika und Asien in sein Blickfeld, nach dem Wendepodest erblickte er dann den Höhepunkt der Darstellung: Europa im Kreise der Künste und die Apotheose Greiffenclaus. Tiepolo hatte damit ein »begehbares Fresko« geschaffen, das sich nicht von einem festen Standpunkt aus erschloss, sondern erst durch den Bewegungsablauf in dynamischer Weise erfahrbar wurde.

Er hatte ein Meisterwerk abgeliefert. Doch rasch verließ der Künstler nach getaner Arbeit noch im November 1753 Würzburg. Nur ein Jahr später verstarb sein Mäzen Greiffenclau. Zuvor schon waren Balthasar Neumann und Johann Lucas von Hildebrandt gestorben. In Würzburg ging eine künstlerische Ära zu Ende.

des Genius Imperii umgaben Würdenträger, wehende Fahnen, der Reichsadler und die huldigende Figur der Francia.

Kaum hatte Tiepolo den Kaisersaal vollendet, erwartete ihn eine noch weitaus größere Aufgabe, nämlich die Ausmalung des riesigen Muldengewölbes im Treppenhaus. Er musste auf einer Fläche von 677 Quadratmetern das größte zusammenhängende Fresko erschaffen, das jemals gemalt worden war. Für das Mega-Gemälde gab es noch kein festes Programm, es wurde erst von Tiepolo in enger Absprache mit dem Fürstbischof entwickelt. Wie in Pommersfelden dachte man an eine Darstellung der vier Erdteile. Tiepolo schloss den Vertrag für das Treppenhaus gegen eine Bezahlung von 15.000 Rheinischen Gulden ab und machte sich 1752 bis 1753 an die Arbeit. Ihm gelang im Wechselspiel mit Neumanns genialer Architektur ein absolutes Meisterwerk der Barockmalerei. Es trug den bezeichnenden Titel »Die Verherrlichung des Fürstbischofs als Mäzen der Künste unter dem Schutze des Sonnengottes Apoll«.

DIE HOFKIRCHE

Die Ausmalung seines Stiegenhauses erlebte Friedrich Karl von Schönborn zwar nicht mehr, doch seine neue Hofkapelle konnte er 1743 mit einem achttägigen Fest persönlich einweihen. Um ihre Platzierung gab es heftige Diskussionen, weil sich die »Baudirigierungsgötter« über ihre Lage nicht einigen konnten. Balthasar Neumann, Maximilian von Welsch, Robert de Cotte und Germain Boffrand lieferten je eigene Vorschläge dazu. Schlussendlich setzte sich aber Neumann 1732 mit seinem Vorschlag durch, sie im Südwesteck des Südblocks zu errichten. Er gab ihr einen höchst komplizierten Grundriss aus drei aufeinander folgenden und sich berührenden Ovalen, von denen das zentrale Längsoval das größte war. Mit fünf zueinander geöffneten Ovalkuppeln und einer Vielzahl den Raum gliedernder Stuckmarmorsäulen schuf er einen zwar nicht allzu großen, dafür aber überraschend prächtigen Sakralraum, dessen sämtliche Wände Kurven beschrieben und der über zwei Geschosse reichte, ohne dabei das äußere Fassadensystem der Residenz zu verändern. Da die Hofkirche dem Fürstbischof als Hauskapelle diente, sorgte der Architekt für eigene Zugänge von den fürstbischöflichen Gemächern aus. Für seine täglich gehaltenen Messen stand dem Fürstbischof ein eigener, direkt über dem Hauptaltar liegender Emporenaltar zur Verfügung. Wollte er einer Messe nur beiwohnen, konnte er dafür die Westempore oder das verglaste und beheizbare Nordoratorium benutzen.

Für die reichhaltige Innenausstattung wirkten die besten Künstler des Residenzbaus zusammen: Lucas von Hildebrandt lieferte die Entwürfe für die wuchtigen Seitenaltäre aus schwarzem und gelbem Marmor, Tiepolo fertigte die Seitenaltarblätter mit dem Höllensturz der Engel und der Himmelfahrt Mariens an, den üppigen Stuck und die Stuckplastiken des Haupt- und Emporenaltars steuerte Antonio Bossi bei, die Marmorskulpturen an Haupt- und Seitenaltären plante Johann Wolfgang van der Auwera und die Deckenfresken erstellte der greise Hofmaler Rudolf Byss mit seinen Schülern. Das Gemeinschaftswerk erstrahlte in den zarten Farben Gold, Dunkelrosa, Blau; die Säulen aus Stuckmarmor mit ihren vergoldeten Kapitellen und die gedrehten achatfarbenen Marmorsäulen der Seitenaltäre machten zusammen mit dem überreichen goldstrahlenden Stuck sowie der Relief- und Puttenverzierung die Kirche zu einem leuchtenden Schmuckkästchen. Die der »Allerheiligsten Dreifaltigkeit« geweihte Hofkirche gilt heute als einer der vollkommenen Sakralbauten des 18. Jahrhunderts.

8. Sakrale Kunst in Stadt und Land: Kirchen, Kapellen, Grablegen

BAU UND FÖRDERUNG VON WALLFAHRTSKIRCHEN

Die Schönbornbischöfe bemühten sich stark um eine Wiederbelebung des religiösen Lebens in ihren Fürstbistümern, das nach Reformation und Dreißigjährigem Krieges vielerorts darnieder lag. Der katholischen Volksfrömmigkeit hofften sie mit einer Reorganisation des Wallfahrtswesen auf die Sprünge zu helfen. In vielen Fällen steuerten die Fürstbischöfe selbst Geld bei, um Wallfahrtskirchen neu zu erbauen oder zu erweitern. Aus der Vielzahl ihrer Initiativen seien an dieser Stelle nur einige wenige Beispiele genannt, um aufzuzeigen, mit welch hohem persönlichen Interesse sie dabei vorgingen.

Im Odenwald gab es seit dem 15. Jahrhundert eine Heilig-Blut-Wallfahrt in dem zum weltlichen Herrschaftsgebiet des Kurfürstentums Mainz zählenden Ort Walldürn. Basierend auf einem durch verschütteten Messwein hervorgerufenen Wunder von 1330 entwickelte sich hier eine Lokalwallfahrt, die durch die Verwüstungen des Bauernkriegs 1525 und die sich im Umland rasch verbreitende Reformation aber fast zum Erliegen gekommen war. Erst dank des Wirkens des Walldürner Pfarrers Jost Hoffmann konnte sie um 1600 wiederbelebt werden. Immer mehr Pilger strömten in den nächsten Jahrzehnten zu der Pfarrkirche, in der das Stück Leintuch (Korporale) gezeigt wurde, auf dem der verschüttete Messwein der Überlieferung nach die Umrisse des Gekreuzigten und mehrere Abbildungen seines dornengekrönten Hauptes gezeichnet hatte. Auf die zu klein gewordene Kirche machte der in Aschaffenburg residierende Mainzer Oberamtmann von Amorbach Johann Franz Sebastian von Ostein seinen Onkel, Erzbischof Lothar Franz von Schönborn, aufmerksam. Dieser nahm sich sofort der Neubaupläne an und drängte auf einen großzügigen, repräsentativen Kirchenbau zur Aufnahme großer Pilgermassen.

Er ließ zwischen 1698 und 1714 unter der Leitung des örtlichen Baumeister Lorenz Gaßner eine monumentale basili-

Zur Ausstattung der Wallfahrtskirche von Walldürn holte Lothar Franz von Schönborn die besten Künstler, die ihm zur Verfügung standen. Mit der Belebung der Wallfahrt sorgte er gleichzeitig für einen wirtschaftlichen Aufschwung der Region.

kaartige Anlage aus rotem Sandstein mit zwei Türmen errichten, die Teile des Vorgängerbaus miteinschloss, aber durch den Einbau von Emporen und Seitenkapellen im Innern Platz zum Aufstellen vieler Altäre bot. Lothar Franz schickte seine besten Künstler – aus Mainz seinen Hofbaudirektor Johannes Weydt und seinen Hofmaler Giovanni Francesco Marchini sowie den Stuckateur Georg Hennicke –, um den Bau prachtvoll auszustatten. Ihnen verdankt die Kirche ihre überaus reiche Innenausstattung mit illusionistischen Architekturmalereien im Chor und prunkvollen Stuckdekorationen nach französischen Vorbildern im Langhaus, die sie weit über die Region hinaus bekannt machten. An drei Stellen in der Kirche ließ Lothar Franz von Schönborn sein Wappen verewigen; seinem Namenspatron Franziskus stiftete er auf eigene Kosten einen Seitenaltar. Auch eine meterhohe Silbermonstranz geht auf seine Schenkung zurück.

Bei der Einweihung der Kirche 1728 zählte man über 116.000 Kommunionempfänger. Dank der Größe des Gotteshauses konnten immer mehr Menschen in Walldürn von den dort angesiedelten Kapuzinern versorgt werden. Während der vierzehntägigen Wallfahrtszeit trafen bis zu 50.000 Menschen ein und bis zu 7.000 Messen wurden gelesen. Die Pilger kamen von weither zu Fuß oder auf Kähnen den Main und Neckar herab – aus ganz Mainfranken, aus dem Rheingebiet bis Köln, aus dem Eichsfeld. Walldürn entwickelte sich im 18. Jahrhundert zu einem blühenden Fern-Wallfahrtsort. Damit verbunden war ein reger Marktbetrieb, der Händlern, Handwerkern und Gastwirten eine sichere Einnahmequelle bescherte. So nahm dank der Initiative des Erzbischofs nicht nur das religiöse Leben, sondern auch die Wirtschaft ihren Aufschwung.

Ganz persönliche Gründe veranlassten Lothar Franz von Schönborn hingegen, die Heilig-Kreuz-Kapelle auf dem Sonnenberg am Ortsrand seines Stammsitzes Gaibach zu stiften: In höchster Not – als auf einer Reise die Donau hinab nach Wien sein Floß zu kentern drohte – gelobte der Erzbischof einen Kapellenneubau anstelle einer baufällig gewordenen kleinen Verehrungsstätte mit Kruzifix. Tief griff er dafür in die eigene Tasche und stellte 12.000 Gulden zur Verfügung, wodurch in den Jahren zwischen 1697 und 1700 ein ansehnlicher Neubau errichtet werden konnte. Der Zentralbau mit schiefergedeckter Kuppel stammt vermutlich von Leonhard Dientzenhofer, der um eben diese Zeit am Gaibacher Schloss arbeitete. Für die Ausstattung des Innenraums stellte Lothar Franz ebenfalls am Schlossbau beteiligte Künstler und Handwerker zur Verfügung. Den spätgotischen Corpus Christi ließ er durch einen reich ornamentierten Hochaltar fassen, der mit goldenen Säulenkapitellen, Girlanden und Puttenköpfen geschmückt war. Zwei dazu passende Seitenaltäre zeigten Figuren der trauernden Maria. Als Prunkstück stiftete Lothar Franz eine Orgel, die heute zu den ältesten bespielbaren Exemplaren im süddeutschen Raum zählt, mit sieben Registern und reich verziertem Orgelprospekt, bekrönt von seinem

Der sogenannte Blutaltar zeigt hinter den beweglichen Flügeln die Reliquie, die das Ziel der Wallfahrt von Walldürn war: ein Leintuch, auf dem verschütteter Messwein das Abbild des Hauptes Christi hinterlassen hatte.

Friedrich Karl von Schönborn kümmerte sich intensiv um den Neubau der Wallfahrtskirche Gößweinstein in der Fränkischen Schweiz und ließ seinen geschätzten Architekten Balthasar Neumann 1730 dazu den Grundstein legen.

Wappen. Die Kreuzkapelle sollte nach dem Willen des Erzbischofs offenbar nicht nur eine Kapelle am Wegesrand sein, sondern sich zu einer Wallfahrt weiterentwickeln. Dafür spricht, dass er vor Ort eine Todesangst-Christi-Bruderschaft ins Leben rief und weitere wertvolle Stiftungen machte, darunter Partikel vom Heiligen Kreuz sowie liturgisches Gerät und Messgewänder.

Der Name Friedrich Karls von Schönborn ist für immer insbesondere mit den Wallfahrtskirchen von Gößweinstein und Vierzehnheiligen verbunden. Für Gößweinstein im Landkreis Forchheim griff er dabei auf Planungen seines Onkels Lothar Franz zurück, der als Fürstbischof von Bamberg bereits um 1715 seinen Hofbaumeister Leonhard Dientzenhofer sowie Maximilian von Welsch und andere Baumeister um entsprechende Entwürfe gebeten und zur Versorgung der Pilger auf eigene Kosten dort ein Kapuzinerkloster hatte errichten lassen. Die seit der Reformationszeit belegbare Wallfahrt zur Heiligen Dreifaltigkeit, deren Anfänge im Dunkeln liegen, hatte nach dem Dreißigjährigen Krieg so enormen Zulauf gewonnen, dass die bisherige Kirche die Massen nicht mehr fassen konnte. Dennoch scheiterten alle Neubaupläne am Geld, bis sich Friedrich Karl der Sache annahm. Kaum zum neuen Fürstbischof von Bamberg gekürt, beauftragte er schon seinen bevorzugten Architekten Balthasar Neumann mit der künstlerischen Gesamtleitung. Dieser legte 1730 den Grundstein zu einer großen Doppelturmanlage, die er im Rohbau innerhalb von vier Jahren vollendete. Die Konsekration der Kirche nahm Friedrich Karl 1739 unter großer Prachtentfaltung vor etwa 20.000 Gläubigen selbst vor, auch wenn sich die Vollendung der Innenausstattung noch über Jahrzehnte hinziehen sollte. Unter Neumanns sorgfältiger Bauleitung wuchs ein barockes Raumwunder heran, das vor allem durch seine geschickte Lichtregie in der Vierungskuppel bestach. 24 Mal reiste der Meister zur Inspektion nach Gößweinstein, um die Arbeiten zu überwachen. Sowohl im Außenbau als auch im Innenraum nahm das Werk immer wieder Bezug auf das Trinitätsmotiv. So spielte der Hochaltar mit dem Gnadenbild der Marienkrönung durch die Dreifaltigkeit mit seinem dreigeschossigen pyramidalen Aufbau auf das Dreifaltigkeitspatrozinium an. Dank seiner imposanten Wallfahrtskirche stieg Gößweinstein zu einem religiösen Zentrum Frankens auf und ist bis heute der größte Dreifaltigkeitswallfahrtsort Deutschlands geblieben.

Nicht weniger profitierte der Wallfahrtsort Vierzehnheiligen bei Bad Staffelstein von der Patronage Schönborns. Hier hatte sich nach der Vision eines Schäfers im 15. Jahrhundert eine Wallfahrt etabliert, die den Bau einer den 14 Nothelfern geweihten Kapelle nach sich zog. Durch Bauernkrieg und Dreißigjährigen Krieg jeweils schwer zerstört, wurde der Ruf nach einem Neubau der vorhandenen Wallfahrtskapelle laut, den Friedrich Karl als Fürstbischof von Bamberg dem Zisterzienserabt von Langheim 1735 umgehend bewilligte. Von den sparsamen Bauplänen des Abtes wenig angetan, übertrug er das Bauprojekt seinem geschätzten Balthasar Neumann. 1743

Weithin sichtbar erhebt sich die Doppelturmanlage der Wallfahrtskirche Vierzehnheiligen in der Landschaft. In seiner Eigenschaft als Fürstbischof von Bamberg sorgte Friedrich Karl von Schönborn für einen besonders repräsentativen Kirchenbau.

erfolgte die Grundsteinlegung, doch nahm sich der vom Kloster beauftragte Baumeister Gottfried Heinrich Krohne eine eigenmächtige Abänderung der Pläne heraus. Der Star-Architekt tobte! Dennoch gelang ihm in Vierzehnheiligen ein großer Wurf, sogar unter Beibehaltung der bereits bestehenden Bauteile. Den Gnadenaltar mit den Skulpturen der 14 Nothelfer, der den Ort der Vision markierte, stellte er – statt wie üblich in die Vierung – mitten ins Langhaus, wo ihn die Pilger frei umschreiten konnten. Ein komplizierter Grundriss – das Langhaus mit dem Chor erhielt drei Ovale, den Querhausarmen wurden Kreise eingeschrieben – sorgte für einen gänzlich kurvierten Innenraum, der dennoch die Aufmerksamkeit ganz auf den Ort der Erscheinung konzentrierte, denn das mittlere und größte Oval mit dem Gnadenaltar akzentuierte Neumann durch umstehende Pfeiler und eingestellte Emporen. Die Fertigstellung des mit überbordendem Wessobrunner Stuck ausgestatteten Kirchenraums konnte Neumann allerdings nicht mehr miterleben. Sie zog sich noch viele Jahre hin. Auch Friedrich Karl war längst verstorben, als sein Neffe, der Sohn seiner Schwester Anna Philippina, Fürstbischof Adam Friedrich von Seinsheim, der in Würzburg (1755) und Bamberg (1757) in seine Fußstapfen getreten war, 1772 die Weihe der schmucken neuen Wallfahrtskirche vornehmen konnte. Entstanden war ein Gesamtkunstwerk, das bis heute nichts von seiner Faszination verloren hat.

Selbst über den Tod hinaus kümmerte sich Friedrich Karl von Schönborn um Bauprojekte, die ihm besonders am Herzen lagen. In seinem Testament bestimmte er die hohe Summe von 12.000 Gulden für den Neubau der Wallfahrtskirche Maria Limbach. Auch hier musste sein Neffe Adam Friedrich von Seinsheim, mit dem er zu Lebzeiten in beiden fränkischen Hochstiften bestens zusammengearbeitet hatte und dem er daher vertraute, aktiv werden, um den letzten Willen des Onkels auszuführen. Der Verstorbene hatte den Mariengnadenort westlich des Dorfes Limbach am Ende seines Lebens besucht und dort durch eine Heilquelle Linderung seines

Die Wallfahrtskirche Maria Limbach zählt zu Balthasar Neumanns Spätwerk. Er schuf einen schlichten, aber im Maintal weithin sichtbaren Kirchenbau.

Für Vierzehnheiligen schuf Balthasar Neumann einen besonders originellen Grundriss, um den in der Mitte des Langhauses stehenden Gnadenaltar zu betonen. Diesen können die Pilger frei umschreiten.

Hüftleidens erfahren, wie er in seinem Testament festhielt: »weil ich von dem Gnadenbild der unbefleckten Muttergottes zu Limbach in denen Gebrechlichkeiten meiner erlebten Jahre ausnehmende Guttaten empfangen« habe. 1751 wurde Balthasar Neumann mit einem Neubau beauftragt. Der Architekt drehte den ursprünglich geosteten Bau um 90 Grad, um die Fassade dem Maintal zuzuwenden. Die Länge der alten Kapelle gab so die Breite des Neubaus vor. Für die auf Fernwirkung hin konzipierte Fassade wählte der Architekt eine schlichte, gleichwohl imposante Form: Sechs Pilaster gliederten die Schaufront in fünf Achsen, eine Attika schloss sie nach oben ab. Ein großer Dreiecksgiebel trug das Prunkwappen Friedrich Karls von Schönborn. Eine weithin sichtbare goldene Madonna im Strahlenglanz über dem Giebel grüßte ins Land. Den Innenraum plante Neumann doppelschalig, um Emporen unterzubringen, die bei großem Andrang Pilger oder Musikergruppen aufnehmen konnten. So ließen sich die Bedürfnisse der Pfarrgemeinde nach einem angemessenen Kirchenraum mit denen der zeitweilig zuströmenden Pilgerscharen vereinbaren. Mit Maria Limbach schuf der alternde Architekt eine dem ländlichen Raum entsprechende Kirche, die gleichwohl durch ihre noble Schlichtheit beeindruckte. Die reiche Stuckausstattung im Stil des Rokoko und die skulpturengeschmückten Altäre entstanden wiederum erst nach Neumanns Tod 1753. Seinsheim förderte den Bau mit eigenen finanziellen Mitteln, stiftete die Kanzel und setzte seinerseits in seinem Testament 1.000 Gulden zum Unterhalt der Kirche aus. 1755 weihte er den Bau ein.

DIE PFARRKIRCHE VON WIESENTHEID

Unzählige Pfarrkirchen auf dem Land entstanden in der Ära der Schönbornfürstbischöfe neu oder wurden grundlegend saniert. Aus diesen stachen die Pfarrkirchen an den Familiensitzen Gaibach und Wiesentheid heraus, da sie für die Schönborns besondere Prestigeobjekte waren. An ihnen manifestierte sich ihr Wille, künstlerisches Niveau auch in den ländlichen Raum zu tragen.

Wie die bereits beschriebene Kirche von Gaibach, so geriet auch die Pfarrkirche St. Mauritius in Wiesentheid zu einem Meisterwerk barocker Baukunst. Rudolf Franz Erwein von Schönborn, Friedrich Karls jüngerer Bruder, ließ sie zwischen 1727 und 1732 errichten. Direkt gegenüber dem Schloss gelegen, genügte selbst der Vorgängerbau des Architekten Antonio Petrini nicht mehr. Balthasar Neumann lieferte die Pläne für den ab 1726 ins Auge gefassten Neubau, den der gräfliche Werkmeister Johann Georg Seitz ausführte. Die Kirche wandte sich dem Schloss mit einer streng gegliederten, skulpturengeschmückten Fassade und einem mit Doppelpilastern verzierten Turm zu. Eine Freitreppe führte empor zum Hauptportal mit dem reich verzierten Schönbornwappen über dem Sturz. Die besten Künstler wurden zur Ausstattung der Kirche herangezogen: Der Italiener Giovanni Francesco Marchini, der als einer der ersten Spezialisten die illusionistische Architekturmalerei nördlich der Alpen heimisch machte und seit 1716 in Diensten Lothar Franz von Schönborns stand, schuf 1728/29 die prächtigen Illusionsmalereien im Spiegelgewölbe des Langhauses. Sie täuschen perfekt eine hohe Kuppel mit säulengeschmücktem Tambour vor, aus der das Licht in den Raum flutet. An den Ecken darunter sind die vier wuchtigen Gestalten der Kirchenväter als symbolische Stützen der Kirche zu sehen. In der Decke im Chorraum stellte Marchini, der für Lothar Franz schon im Treppenhaus von Pommersfelden die Scheinarchitekturen ausführte und ihm in Mainz bis 1731 als Hofmaler diente, die Heilige Dreifaltigkeit in einem geöffneten, golden strahlenden Himmelsraum dar. Allein diese Deckenmalereien von einem der besten Illusionsmaler der Zeit, der vermutlich in Rom bei dem Jesuitenpater, Maler und Theoretiker Andrea Pozzo die hohe Schule der Quadraturmalerei kennengelernt hatte, machten die Mauritiuskirche zu einem außerordentlichen Kunstwerk, das den Rahmen einer normalen Pfarrkirche sprengte.

Auch die Namen der übrigen Ausstatter besaßen Klang. Für die Altäre schuf kein Geringerer als Jakob van der Auwera, Hofbildhauer der Residenz, die Figurengruppen, die am

Der Innenraum der Pfarrkirche St. Mauritius in Wiesentheid ist geprägt von den Architekturmalereien Giovanni Francesco Marchinis. Sie täuschen einen hohen Kuppelraum und wuchtige Säulenstellungen vor.

Balthasar Neumanns Schrift »Die Lieb zur Zierd des Hauß Gottes«

1745 verfasste Balthasar Neumann eine Schrift mit dem Titel »Die Lieb zur Zierd des Hauß Gottes dem Ost-Francken zur ohnvergeßlichen Erinnerung hinlassen: als ... Friderich Carl, Bischoff zu Bamberg und Wirtzburg ... die Hof-Kirch den 15. Sept. 1743 einzuweihen geruhet haben ....«, die 123 Seiten stark die Baupolitik unter Friedrich Karl von Schönborn pries. Anlass dazu gab die achttägige Einweihungsfeier der Hofkirche, die Neumann ausführlich im ersten Teil seiner Publikation schildert, einschließlich der Predigten, Segensgedichte, Dank- und Lobreden. Im zweiten Teil berichtet er über die Jubiläumsfeier zu Ehren des Heiligen Bruno, Bischofs von Würzburg (11. Jh.), die im Mai 1745 wiederum acht Tage lang gefeiert wurde und zahlreiche Predigten und Reden nach sich zog. Der Intention nach reiht sich der Text in die Kategorie der Kirchweihschriften ein. Lobend hebt der Architekt seinen »gnädigsten Fürsten und Herrn« hervor, der »in Lieb und Sorgfalt für die Zierde des Hauß Gottes« Sorge trage und der aus »eigenem Vermögen und reichlichster Wohlthat preiswürdigst eingeleitete Frey-Schanckungen« den Residenzbau erst möglich gemacht und dabei durch »alleinige Erfindung von einem Gottseeligen Fürstengeist abstammenden Gedancken« die künstlerische Umsetzung wesentlich mitbestimmt habe. Neumann tritt hier ganz als Hofbeamter auf, der seinem Dienstherrn zuliebe den eigenen Anteil an den architektonischen Meisterleistungen vornehm verschleiert.
Interessant sind jedoch seine im Rahmen einer Fußnote auf Seite 26 gemachten Angaben: Hier führt Neumann in einer umfangreichen Liste insgesamt 112 Kirchengebäude auf, die unter Friedrich Karl gebaut, »mercklich verbessert«, »in Bau begriffen« oder »gewiehen« worden waren – darunter Kloster-, Wallfahrts-, Hof-, Hospital- und Pfarrkirchen, Kapellen und Begräbniskapellen.

Diese Auflistung, die der Architekt um Ortsangaben und kurze Anmerkungen ergänzt, zeigt die große Palette der Bautätigkeit unter Friedrich Karl von Schönborn sowohl in seinen Bistümern Würzburg und Bamberg als auch in seinen ungarischen und österreichischen Herrschaften auf. Daran abzulesen ist, wie nachhaltig er kulturell und ästhetisch auf die von ihm beherrschten Landschaften einwirkte.

Hochaltar in dramatisch bewegter Anordnung den Patroziniumsheiligen Mauritius in voller Rüstung, umgeben von den Heiligen Franziskus, Bonifatius, Kilian und Johannes Nepomuk, zeigte. Für die Seitenaltäre wählte Auwera die Figuren der Maria Immaculata und des Antonius von Padua.

Der Kunstschreiner Johann Georg Neßtfell wiederum fertigte Tabernakel, Kanzel, Beichtstühle, Oratorien und Orgelgehäuse zum Teil in wertvoller Einlegearbeit an. Friedrich Karl von Schönborn konnte 1732 mit den Äbten von Ebrach und Münsterschwarzach die neue Kirche einweihen, die mit ihrer Ausstattung zu einem der bedeutendsten Barockbauten Frankens geworden war.

FÜR DAS FAMILIENGEDÄCHTNIS: DIE GRABKAPELLE DES WÜRZBURGER DOMS

Eine standesbewusste und erfolgreiche Adelsfamilie wie die der Schönborns sorgte sich selbstverständlich schon zu Lebzeiten um ihr Gedächtnis in der Nachwelt. Üblicherweise geschah dies durch würdig gestaltete Grabdenkmäler und testamentarische Verfügungen, die hohe Summen für fromme oder karitative Zwecke aussetzten, Kirchen und Pfarreien beschenkten und Gelder für Mess-Stipendien reservierten. Auch die Vertreter des Hauses Schönborn handelten entsprechend. Doch die Familie überschritt das Maß des Üblichen: Sie hegte den Wunsch, eine eigene Grabkapelle direkt am Würzburger Kiliansdom für sich zu errichten.

Die Idee hatte als Erster Johann Philipp Franz von Schönborn, und zwar schon in seiner Zeit als Würzburger Dom-

Halber Querschnitt und Fassadenaufriss der Schönbornkapelle von Balthasar Neumann, um 1721/22.

propst. 1718 schlug er dem Domkapitel vor, die baufällige Crispinikapelle in eigener Regie in eine Familiengrabstelle umzuwandeln – ein ehrgeiziges Vorhaben, das bei den Domherren zunächst auf empörte Ablehnung stieß. Doch nach seiner Kür zum Fürstbischof von Würzburg 1719 besaß Johann Philipp Franz sowohl die Macht als auch die Eitelkeit, sein Vorhaben gegen den Willen des Domkapitels durchzusetzen. Er wollte einen kuppelbekrönten Bau »nach Art des Großherzogen von Florenz« haben, wie er erläuterte. Offenbar nahm er sich die Medicikapelle am Dom zu Florenz zum Vorbild. In Deutschland war dieser Baugedanke noch weitgehend unbekannt. Man begnügte sich hierzulande mit Grabmälern und Epitaphien im Innern von Dom- und Kirchenräumen.

Mit den Neubauplänen wurde Balthasar Neumann betraut, der die Vorarbeiten Maximilians von Welsch überarbeitete und ab 1721 an der Nordseite des Domquerhauses an der Errichtung einer Familiengrablege zu arbeiten begann. Der frühe Tod des Fürstbischofs im Jahr 1724 verhinderte jedoch die Vollendung. Erst als Friedrich Karl 1729 seinen Bruder »beerbte« und den fürstbischöflichen Stuhl von Würzburg bestieg, konnte das Vorhaben fortgesetzt werden. Der Bau war bis 1736 fertig gestellt. Schon von außen beeindruckt die Kapelle durch ihre kupfergedeckte hohe Kuppel mit Tambour und Laterne, den üppigen Fassadenschmuck und den deutlich hervorgehobenen Mittelteil. Ein mit Säulen geschmücktes Portal, über dem in einer Kartusche die bedeutungsvollen Worte »Selig die Toten, die im Herrn sterben« stehen, gewährt Eintritt ins Innere; im großen Dreiecksgiebel prangt das Schönbornwappen. Der allegorische Figurenschmuck gemahnt an Tod, Glaube, Liebe und Hoffnung.

Feierliches Dunkel empfängt den Besucher im Innern. Zwei durch Ziergitter verschlossene Durchgänge gewähren Zutritt in den Dom. Neumann hatte wie immer einen originellen Grundriss gewählt und einen kreisrunden zentralen Kuppelbau mit zwei elliptischen Seitenräumen kombiniert. Schwarzer und achatfarbener Marmor, Stuckmarmor und reiche Vergoldungen verleihen dem Raum ein feierliches Ambiente. Friedrich Karl zog wiederum die besten Hofkünstler zur Ausstattung heran: So stammt der Stuck einmal mehr von Antonio Bossi, die Ausmalung der Kuppel mit dem »Jüngsten Gericht« von Hofmaler Johann Rudolf Byss, die Skulpturen der Seitenaltäre vom französischstämmigen Hofbildhauer Claude Curé. An den Wänden hingen die vier von Curé angefertigten Hänge-Epitaphien, die den »Heroen« des Hauses Schönborn gewidmet waren: Johann Philipp, Lothar Franz, Johann Philipp Franz und Friedrich Karl.

Um die Gestaltung der Grabdenkmäler war innerhalb der Familie lange gerungen worden. Sie bekamen ein in ihrer Konzeption aufeinander bezogenes Äußeres, betonen mit ihren Inschriften und ihrem allegorischen Dekor aber die individuellen Leistungen der Verstorbenen. So wird Johann Philipps Wirken um den Westfälischen Frieden hervorgehoben, Lothar Franz als Kaisermacher und Bekehrer der Elisabeth Christine von Braunschweig gerühmt, Johann Philipp Franz als Bauherr und Reorganisator des Bistums vorgestellt und Friedrich Karl in seiner Eigenschaft als Reichsvizekanzler mit enger Bindung an das Haus Habsburg gepriesen. Insgesamt rufen sich die fürstbischöflichen Herren als Wahrer des Friedens, als kluge Sachwalter des Reiches sowie als gläubige und fromme Kirchenmänner in Erinnerung.

Dass Lothar Franz von Schönborn Aufnahme in die Grabkapelle fand, ging auf seinen ihm persönlich eng verbunde-

Direkt am Würzburger Dom schufen sich die Schönborns eine eigene Grab- und Gedächtniskapelle. Die Idee dazu hatte Johann Philipp Franz von Schönborn.

Die vier Epitaphien der Schönbornbischöfe sind in Sandstein ausgeführt und vergoldet bzw. bronzefarben gefasst: links das Epitaph Lothar Franz' mit seinem Bildnis-Medaillon vor Obelisk und Palmen, rechts der erste Bauherr der Schönbornkapelle, Johann Philipp Franz, im Gebet kniend vor dem Kreuz.

nen Neffen Friedrich Karl zurück; als Erzbischof von Mainz und Fürstbischof von Bamberg hatte er eigentlich keinen Bezug zu Würzburg. Doch ohne ihn hätten seine Neffen keine Karriere gemacht; dies und seine Position als Mainzer Kurfürst rechtfertigten im Kreis der Stifter offenbar seine Präsenz an diesem wichtigen Erinnerungsort. Er bildete dabei eine Ausnahme, denn aus der Schönbornkapelle wurde keine Grablege für alle Mitglieder. Andere hochrangige Familienmitglieder fanden ihre letzte Ruhe andernorts. So wurde Kardinal Damian Hugo Philipp, Bischof von Speyer und Konstanz, in Bruchsal in der für ihn durch Balthasar Neumann errichteten Peterskirche beigesetzt, sein Bruder Franz Georg, Erzbischof von Trier und Fürstbischof von Worms, im Dom zu Trier. Und Gräfin Maria Theresia von Schönborn, Witwe des früh verstorbenen Generals Anselm Franz, richtete an ihrem Herrschaftssitz in Heusenstamm im Landkreis Offenbach in der dortigen Pfarrkirche Sankt Cäcilia eine eigene Grablege für sich, ihren Mann und ihre teils früh verstorbenen Kinder ein. Als Baumeister gewann auch sie 1739 Neumann. Die Innenausstattung stand ganz im Zeichen des Auferstehungsgedankens. Für den Hochaltar mit hochaufragendem Kreuz lieferte Johann Wolfgang van der Auwera die Entwürfe. In der Krypta sind neben Anselm Franz und Maria Theresia mit ihren Kindern noch weitere Familienmitglieder, so ihre Schwiegereltern, beigesetzt – Heusenstamm wurde damit zu einer weiteren Familiengrablege.

9. Ende einer Ära: Die letzten Schönborns

DER TOD FRANZ GEORG VON SCHÖNBORNS 1756

Am 18. Januar 1756 schloss auf Philippsburg bei Ehrenbreitstein in Koblenz Franz Georg, Erzbischof und Kurfürst von Trier, Bischof von Worms und Fürstpropst des Stiftes Ellwangen, die Augen für immer. Die Ära der großen Fürstbischöfe aus dem Hause Schönborn ging mit seinem Tod zu Ende – eine beispiellose Erfolgsgeschichte zwischen politischer Macht und barocker Pracht. Zwar lebte noch sein jüngster Bruder, Marquard Wilhelm, doch bekleidete dieser keine kirchliche Spitzenposition und starb 1770 im hohen Alter von 86 Jahren als Dompropst von Bamberg und Eichstätt.

Franz Georg hatte noch einmal alles gegeben, um der Familie zur Ehre zu gereichen. Er zeigte sich betont kaisertreu und habsburgfreundlich, arbeitete politisch eng mit seinem Bruder Friedrich Karl zusammen. Zermürbt von den endlosen Konflikten zwischen den Großmächten, in deren Folge 1732 zum wiederholten Male französische Truppen zum Rhein vorstießen und er selbst nach Koblenz ausweichen musste, wahrte er in den folgenden Auseinandersetzungen um die Pragmatische Sanktion wie sein Bruder weitgehend Neutralität. Danach zog er sich immer stärker aus der Reichspolitik zurück und widmete seine Aufmerksamkeit – erneut schlug der Schönbornsche »Bauwurmb« zu – seinen Bauprojekten, die den rheinischen Spätbarock zum Blühen brachten. Für ihre Umsetzung holte er den gräflichen Baumeister aus Wiesentheid, Johannes Seitz, nach Kurtrier; gleichwohl lieferte für viele Vorhaben der bewährte Balthasar Neumann die Pläne.

Franz Georg nahm bedeutende Kirchenbauten in Angriff, darunter in Trier die von den Franzosen zerstörte Stiftskirche St. Paulin, im pfälzischen Dirmstein die Laurentiuskirche oder in Ellwangen die Stiftskirche, die er in barockem Stil umwandelte. In seiner bevorzugten Residenz Koblenz ließ er als Verwaltungsbau das mächtige Dikasterialgebäude unterhalb

Der letzte Schönbornspross auf einem bedeutsamen Kirchenstuhl war Franz Georg. Er amtierte von 1729 bis zu seinem Tod 1756 als Kurfürst und Erzbischof von Trier. – Stich von Johann Martin Bernigeroth, 1742.

der Festung Ehrenbreitstein errichten; als Lustschloss diente ihm das auf der linken Rheinuferseite bei Koblenz-Kesselstadt gelegene Schönbornslust mit seinen Gärten. Gerade letzteres Schloss mit seiner prachtvollen 21 Achsen langen Gebäudefront, dem vorspringenden Mittelpavillon und der hoch geführten dreiläufigen Treppe brauchte den Vergleich mit anderen Prestigebauten der Familie nicht zu scheuen. Balthasar Neumann hatte für seinen letzten ausgeführten Schlossneubau noch einmal alle Register gezogen.

Doch die Zeiten ländlicher Lustbarkeiten und Jagdfreuden neigten sich dem Ende zu. Das Schicksal des Schlosses verweist symptomatisch auf die Krisen der Zeit: 1791 nächtigten dort prominente französische Emigranten, darunter die Brüder des gestürzten französischen Königs Ludwig XVI.; Revolutionstruppen verwüsteten den Bau 1794, 1806 wurde er schließlich ganz beseitigt und das dazugehörende Land von den französischen Besatzern verkauft. Diese Ereignisse spielten sich zwar erst nach dem Tod Franz Georgs 1756 ab, doch der Gefahr aus dem Westen war er sich zu Lebzeiten wohl bewusst: Die Erweiterung der Stadtbefestigung von Koblenz und den fortifikatorischen Ausbau der Ehrenbreitstein vertraute er dem bewährten Neumann an.

Nach dem Ableben Franz Georgs offenbarten sich auch die innerfamiliären Krisen. Nur noch drei Neffen aus den mütterlichen Linien befanden sich in kirchlichen Ämtern und Würden: Anne Charlotte Marias Sohn Johann Friedrich Karl von Ostein als Mainzer Erzbischof († 1763), Anna Philippinas Sohn Adam Friedrich von Seinsheim als Fürstbischof von Bamberg und Würzburg († 1779) und Amalia Elisabeths Sohn Damian August von Limburg-Stirum als Fürstbischof von Speyer († 1797). Danach fehlte es schlicht an förderungsfähigen männlichen Nachkommen, und diejenigen, die übrig waren, zeichneten sich nicht durch überbordende Talente aus: Joseph Franz Bonaventura, als ältester Sohn Rudolf Franz Erweins zukünftiges Haupt des fränkischen Familienzweiges, war ein hoffnungsloser Verschwender und Glücksspieler und trieb mit seinen immensen Privatschulden die Familie fast in

Die Festung Ehrenbreitstein in Koblenz, zu deren Füßen die Erzbischöfe von Trier auf Schloss Philippsburg residierten, geriet immer wieder ins Visier französischer Truppen. 1801 ging das Residenzschloss im Zuge der Sprengungen auf der Ehrenbreitstein zugrunde.

den Ruin. Der junge Mann musste entmündigt werden und verlor die Aufsicht über seine Finanzen an eine kaiserliche Schuldenkommission unter Führung seines Vetters, des Mainzer Erzbischofs Johann Friedrich Karl von Ostein, der sich in den folgenden Jahren erfolgreich um den Schuldenabbau kümmerte. Selbst die Nachfolge als Familienoberhaupt nach dem Tod des Vaters 1754 entließ das »schwarze Schaf« bis 1768 nicht aus der Vormundschaft. Für die Führung der Familiengeschäfte und die Verwaltung des riesigen Vermögens war er denkbar ungeeignet.

Immerhin hinterließ Joseph Franz Bonaventura neben Schulden einen Sohn, Hugo Damian Erwein, der das Erbe antreten konnte – was umso zwingender war, als die österreichische Hauslinie im Mannesstamm auszusterben drohte: Der von Anselm Franz begründete in Heusenstamm residierende Schönbornstamm hinterließ keinen überlebenden männlichen Erben und die Töchter waren nach den Regeln des Fideikommisses nicht erbberechtigt. Die Nachfolge ging daher planmäßig an die Schönborn-Wiesentheid. Doch ausgerechnet in dem Moment, als ein hoffnungsvoller Schimmer die trüben Familienaussichten erhellte und 1789 der Enkel des glücklosen Joseph Franz Bonaventura, Franz Philipp Joseph, mit Maria Sophie, einer Tochter des Grafen von der Leyen, vor den Traualtar trat, um den ausgedünnten Stamm der Schönborns zu festigen, brach die größtmögliche Katastrophe über Europa herein: In Frankreich fegte die Revolution die Monarchie mitsamt der alten feudalen Ordnung hinweg. Jenseits des Reichs herrschte Entsetzen.

SCHRECKGESPENST AM RHEIN: DIE FRANZÖSISCHE REVOLUTION

Im Namen von »Freiheit, Gleichheit und Brüderlichkeit« liquidierten Frankreichs Revolutionäre das absolutistische Regierungssystem im Sturmschritt: Die Privilegien von Adel und Kirche wurden abgeschafft, die Leibeigenschaft aufgehoben, die Kirchengüter enteignet, der Monarch erst entmachtet, dann 1793 aufs Schafott geschickt. Im April 1792 erklärte das revolutionäre Frankreich, das mit dem Bruch der alten Ordnung einen unüberbrückbaren Graben zu den anderen europäischen Mächten aufgerissen hatte, Österreich den Krieg. Der Erste Koalitionskrieg (1792–1797) brach aus. Die mit großem Enthusiasmus kämpfenden französischen Truppen widerstanden entgegen allen Erwartungen den Armeen Preußens und Österreichs und stürmten stattdessen auf linksrheinisches Gebiet, besetzten Mainz, Frankfurt, Kurpfalz, die Hochstifte Speyer und Worms. 1796 überrannten sie Franken, nahmen Bamberg und Würzburg ein. General Jourdan forderte enorme Kontributionen und nahm zur Durchsetzung seiner Forderungen sogar Geiseln. Franken litt schwer am Krieg. Es herrschten Hunger und Mangel, zudem grassierte eine Rinder- und Pferdepest. Würzburgs letzter Fürstbischof Georg Karl von Fechenbach flüchtete sich ins böhmische Exil; sein Onkel, der Bamberger Bischof Christoph Franz von Buseck, tat es ihm nach.

Die junge französische Nation forderte angesichts ihrer Erfolge immer selbstbewusster ihre »natürlichen Grenzen« Alpen und Rhein. Im Frieden von Campo Formio 1797 zeichnete sich ab, dass das Heilige Römische Reich in seinem alten Zustand nicht mehr zu halten war. Kaiser Franz II. stimmte nicht nur einer Abtretung der Österreichischen Niederlande und einer Neuordnung Oberitaliens zu, sondern war in geheimen Zusatzartikeln sogar bereit, das linke Rheinufer Frankreich zu überlassen. Eine Entschädigung linksrheinisch begüterter deutscher Fürsten sollte durch säkularisierten Kirchenbesitz rechts des Rheins vollzogen werden. Für die geistlichen Fürstentümer am Rhein ging es damit um die blanke Existenz. Die letzten Hoffnungen, die ganz große Katastrophe abwenden zu können, zerstoben im Zweiten Koalitionskrieg (1799–1801), als nach erneuten verheerenden Niederlagen der kaiserlichen Armee der Friede von Lunéville 1801 die Abmachungen von Campo Formio bestätigte: Die Rheingrenze wurde festgeschrieben unter der Voraussetzung, weltliche Fürsten für linksrheinischen Besitz zu entschädigen.

Um die gerechte Verteilung der rechts des Rheins eingezogenen Kirchengüter sollte sich eine eigene Kommission küm-

Franz Georg von Schönborn fand im Dom zu Trier die letzte Ruhe. Sein Grabaltar zeigt die Auferstehung Christi.

mern, die sogenannte Reichsdeputation, die aus Vertretern der wichtigsten Reichsstände bestand. Am Tagungsort des Immerwährenden Reichstags, in Regensburg, trat sie zusammen, um in 50 Sitzungen die wichtige Entschädigungsfrage zu klären. Für die katholische Kirche wurden die Verhandlungen zum Fiasko. Ihr gesamtes Tafelsilber stand zur Disposition: Reichsbistümer, Klöster, Orden. Der durch Georg Karl von

Fechenbach beauftragte Delegierte Johann Michael Seuffert, der die Interessen der Hochstifte vertrat, konnte nichts mehr ausrichten. Die Reichsbistümer verloren ihre weltliche Macht und ihren territorialen Besitz an weltliche Landesfürsten. Im Falle Bambergs und Würzburgs war dies Kurbayern, das sofort in die Hochstifte einmarschierte. Nach den Bestimmungen des Reichsdeputationshauptschlusses fielen alle Kirchengüter, Stifte, Abteien, Klöster an die neuen Landesherren zur »Erleichterung ihrer Finanzen«. Die über 1000-jährige Geschichte der Reichskirche war damit zu Ende.

Die Fürstbischofe von Bamberg und Würzburg erklärten im September/November 1802 ihren Verzicht auf die weltliche Regierung und entbanden ihre Untertanen von ihrem Treueversprechen. In ihre hochherrschaftlichen Residenzen zogen neue Herren ein: in Bamberg Angehörige der Wittelsbacher-Familie, in Würzburg der aus dem Kurfürstentum Salzburg vertriebene Habsburger Ferdinand III. von Toskana, der zwischen 1806 und 1814 einem neu begründeten Großherzogtum Würzburg noch einmal kurzen royalen Glanz verlieh, bevor es 1814 schließlich ganz an Bayern fiel.

Kurbayerische Beamte nahmen, wie vom »Reichsdeputationshauptschluss« vorgesehen, Bamberger und Würzburger Kirchengut in Besitz und gingen dabei nicht zimperlich vor: Die Domkapitel wurden aufgelöst, Domherrenhöfe, Stifte und Klöster geschlossen, Archive und wertvolle Codices nach München überführt, Immobilien sowie Gold- und Silberschätze auf den Auktionsmarkt gebracht. Den Ausverkauf der alten Zeit quittierten viele Bewohner der Residenzstädte mit Unverständnis und Missbilligung. Der Wegfall geistlicher Bildungs- und Fürsorgeeinrichtungen sowie der Verlust von Hofaufträgen trafen ärmere Bevölkerungsschichten besonders hart.

Das Reich kam auch nach der Regelung der Entschädigungsfrage nicht zur Ruhe. Napoleon Bonaparte, seit 1804 Kaiser der Franzosen, eilte auf den Schlachtfeldern von Sieg zu Sieg und erlaubte sich auch weiterhin nachhaltige Eingriffe in die Reichsverfassung. So nahm er Rangerhöhungen einzelner Reichsfürsten vor: Bayern und Württemberg machte er zu

Das Ende der Reichskirche

Im alten Rathaus von Regensburg trat am 24. August 1802 ein Reichstagsausschuss zum »Reichsfriedensexekutionskongress« zusammen, der über die Frage zu entscheiden hatte, wie weltliche Fürsten für ihre an Frankreich verlorenen linksrheinischen Gebiete rechts des Rheins zu entschädigen wären. Zu den Mitgliedern dieser Reichsdeputation zählten die wichtigsten Reichsstände, unter anderem die Kurfürsten von Mainz, Sachsen, Brandenburg, Böhmen, Bayern. Frei in seiner Entscheidung war das Gremium indes nicht, denn Frankreich und Russland hatten sich bereits zuvor über die wesentlichen Grundfragen geeinigt. So sollten gegen die deutschen Großmächte Österreich und Preußen die mittelgroßen Fürstenherrschaften im Süden und Westen des Reiches territorial gestärkt und auf Frankreich als Schutzmacht verpflichtet werden.

Am 25. Februar 1803 stellte die Reichsdeputation ihren »Hauptschluss« vor, der vom Reichstag in eine Gesetzesvorlage umgesetzt und dem Kaiser im April zur Ratifizierung vorgelegt wurde. Das Ergebnis ließ erschauern: 112 Reichsstände wurden aufgehoben, darunter zwei geistliche Kurfürstentümer (Köln, Trier), ein Fürsterzbistum, 19 Fürstbistümer, 80 Reichsabteien und über 200 Klöster. Rund 10.000 Quadratkilometer geistlichen Territoriums mit mehr als 3,1 Millionen Einwohnern wechselten den Besitzer. Von den kirchlichen Würden und Einrichtungen blieben lediglich die des Mainzer Erzkanzlers und Erzbischofs sowie der Deutsche und der Johanniter-Orden übrig. Erzbischof Karl Theodor von Dalberg behielt den Rang eines Kurfürsten und Primas von Deutschland und durfte in den Fürstentümern Aschaffenburg, Regensburg und der Grafschaft Wetzlar auch weltliche Macht ausüben, wofür er seinen Sitz von Mainz aber nach Regensburg verlegen musste.

Während die Reichskirche ihre Substanz verlor, machten die weltlichen Herren ihren Schnitt. Neben den geistlichen Territorien gingen auch 45 Reichsstädte an benachbarte Landesherrschaften. Zu den Gewinnern der Länderlotterie gehörten Preußen, Bayern, Württemberg und Baden, die teils weit über ihren Verlust hinaus entschädigt wurden. Die frei gewordenen Kurwürden gingen an weltliche und häufig protestantische Mächte, so an Baden, Württemberg, Hessen-Kassel und Salzburg.

Königreichen, Baden, Hessen-Darmstadt und Berg zu Großherzogtümern. 1806 hielt er 16 süd- und westdeutsche Fürsten dazu an, sich unter seinem Protektorat zu einem Rheinbund zusammenzuschließen und aus dem Reichsverband auszutreten. Kaiser Franz legte daraufhin die Krone des Heiligen Römischen Reiches nieder und führte fortan nur noch den Titel eines Kaisers von Österreich, den er 1804 angenommen hatte. Damit hatte sich das Alte Reich aufgelöst. Noch einmal schüttelten sich die Herrschaftsverhältnisse durch, als weitere Reichsstädte sowie die Reichsritterschaft ihre Selbstständigkeit verloren und den neuen Landesherrschaften inkorporiert wurden.

ÜBERLEBENSKÜNSTLER: NEUE KARRIEREWEGE DER SCHÖNBORNS

Für die reichsritterlichen Familien, die wie die Schönborns ihr Auskommen in der Kirche gefunden hatten, bedeuteten die politischen Veränderungen eine scharfe Zäsur in ihrem persönlichen Leben. Sie verloren nicht nur Ämter und Pfründen in der Reichskirche, sondern durch die französische Besetzung linksrheinischen Territoriums und den Verlust der Reichsfreiheit auch Güter und standesrechtliche Stellung. Auf allen Ebenen des beruflichen und privaten Lebens musste nun umdisponiert werden. Selbst die bislang tragfähigen Heiratsallianzen, die den Weg einst in die Domkapitel geebnet hatten, erwiesen sich als hinfällig.

Die Schönborns meisterten diese Zeitenwende für sich sehr ordentlich: Als Reichsadel wurden sie zwar mediatisiert und einem Landesherrn unterstellt, doch garantierte ihnen die Bundesakte von 1815, die nach dem Sturz Napoleons die Verhältnisse im Reich neu ordnete, ihre weitere Standesherrschaft. Das bedeutete, dass sie ihren adligen Rang behielten und den regierenden Fürstenhäusern als ebenbürtig galten. Angesichts der Verteilung ihres Grundbesitzes orientierten sich die Schönborns nach Österreich und Bayern.

Im Militär-, Staats- und diplomatischen Dienst winkten an den Höfen neue Karrieremöglichkeiten. Die politische Mitwirkung – verlagert von der Reichspolitik auf die Landesebene – ließ sich in jenen Fürstenstaaten, die wie Bayern neue Verfassungen erhielten (1818), über das Zweikammersystem der Ständeversammlungen organisieren. So gehörte Franz Erwein Damian aus der Linie der Schönborn-Wiesentheid als erbliches Mitglied der Kammer der Reichsräte im bayerischen Ständetag an und fungierte im ersten Landtag 1819 als Vizepräsident dieser Kammer. Seine Begeisterung für die neue Verfassung brachte er zum Ausdruck, als er zum zehnjährigen Verfassungsjubiläum im Schlosspark von Gaibach eine vielbewunderte, 32 Meter hohe Konstitutionssäule aufstellen ließ, um das Bündnis zwischen Monarchie und Staatsvolk zu bekräftigen. Den Entwurf für die Säule lieferte kein Geringerer als der Architekt Leo von Klenze. Zur Einweihung der Säule erschienen rund 30.000 Menschen, darunter der Hochadel und der bayerische König Ludwig I. Alljährlich richtete der liberale Schönborn fortan in Gaibach eine Verfassungsfeier aus, auf der nicht nur gefeiert, sondern auch politisch diskutiert werden durfte. 1832 – im Jahr des Hambacher Festes – forderten auch liberale fränkische Bürger weitgehende Verfassungsrechte ein, stießen damit aber auf den harschen Widerstand König Ludwigs I.

Trotz aller politischen Umbrüche konnten die Schönborns nicht nur ihre adlige Stellung, sondern auch ihren Landbesitz weitestgehend retten. Linksrheinisch waren zwar einige Verluste zu beklagen, doch gelang es Hugo Damian Erwein von Schönborn, Chef des fränkischen und seit 1801 auch des österreichischen Familienzweigs, den Besitz während der Säkularisation noch zu mehren. Eine umfangreiche Erbschaft aus dem Hause Hatzfeld brachte reiche Güter in Böhmen unter seine Hand. Planmäßig kaufte er danach weitere Ländereien in Böhmen auf, so dass er um 1815 zu einem reichen Magnaten mit dem Recht auf einen Sitz im böhmischen Ständeparlament aufstieg. Um die Zukunft seiner Kinder abzusichern, nahm Hugo Damian Erwein rechtzeitig die Aufteilung des Familienbesitzes vor: Seinem ältesten Sohn Franz Philipp Joseph übertrug er 1802 die österreichischen Territorien mit Göllersdorf und dem ungarischen Szent Miklos (Linie Schönborn-Buchheim), seinem Zweitältesten, Franz Erwein Damian, vertraute er die fränkischen und hessischen Gebiete an (Linie Schönborn-Wiesentheid), seinem dritten Sohn, Friedrich Karl Joseph, der eigentlich eine Kirchenkarriere hätte einschlagen sollen, vergab er die böhmischen Ländereien und begründete damit einen dritten Familienzweig (Linie Schönborn). Die Fideikommissverträge wurden dahingehend verändert und vom Kaiser bestätigt.

Die Phase der großen Kirchenkarrieren waren zwar für die Schönborns wie für alle anderen reichsritterschaftlichen Geschlechter nach 1800 vorüber, doch ins allgemeine Gedächtnis hatten sie sich tiefer eingebrannt als alle ihre Standesgenossen. An allen Orten, an denen je ein Schönborn gewirkt hatte, standen Bauwerke von überragendem künstlerischem Rang, die die Erinnerung an ihren Familiennamen wachhielten. Für Franken war und ist dies ein besonderer Segen: Von den prächtigen Barockschlössern, Residenzen und Kirchen der Schönborndynastie profitiert das Land bis heute. Und ein später Nachfahre des böhmischen Familienzweigs hat es in jüngster Vergangenheit sogar wieder in eine kirchliche Spitzenposition geschafft: Der am 22. Januar 1945 im heute tschechischen Vlastislav geborene Christoph Maria Michael Hugo Schönborn amtiert seit 1995 als Erzbischof von Wien und wurde 1998 von Papst Johannes Paul II. in den Rang eines Kardinals erhoben – 283 Jahre nach seinem Vorfahr Hugo Damian Philipp. So wird die über 700-jährige Geschichte des Geschlechts auch in der Gegenwart in vielfältiger Weise fortgeschrieben.

Stammbaum

- Georg IV. (1574–1614) ⚭ Maria Barbara v. d. Leyen (†um 1625)
  - Johann Philipp (1605–1673) Fürstbf. v. Würzburg Erzbf. v. Mainz Fürstbf. v. Worms
  - Philipp Erwein (1607–1668) Reichsfreiherr ⚭ Maria Ursula v. Greiffenclau (um 1610–1682)
    - Franz Georg (1639–1674) Domkustos, Mainz Domherr v. Würzburg u. Bamberg
    - Johann Philipp (1642–1703) Johanniterkomptur, Würzburg-Biebelried
    - Melchior Friedrich (1644–1717) Reichsgraf ⚭ Maria Sophia v. Boineburg (1652–1726)
      - Anne Charlotte (1671–1746) ⚭ Johann Franz v. Ostein (1652–1718)
        - Johann Friedrich Karl v. Ostein (1689–1763) Erzbf. v. Mainz, Fürstbf. v. Worms
      - Johann Philipp Franz (1673–1724) Fürstbf. v. Würzburg
      - Friedrich Karl (1674–1746) Reichsvizekanzler Fürstbf. v. Bamberg u. Würzburg
      - Damian Hugo (1676–1743) Kardinal, Fürstbf. v. Speyer u. Konstanz
      - Rudolf Franz Erwein (1677–1754) Herr d. Grafschaft Wiesentheid ⚭ Maria Eleonore v. Dernbach (1679–1718)
        - *6 weitere Töchter*
        - Eva Theresia (1707–1794) Äbtissin v. St. Anna, Würzburg
        - Joseph Franz Bonaventura (1708–1772) ⚭ Bernhardine v. Plettenberg (1719–1769)
          - Bernhardine Theresia (1737–1780) ⚭ Franz Philipp Adrian v. Hatzfeld (1717–1779)
            - Friedrich Karl Franz Cajetan (1779–1794)
          - Hugo Damian Erwein (1738–1817) *Stammvater d. drei Linien* ⚭ Maria Anna v. Stadion-Tannhausen (1746–1817)
        - Melchior Friedrich (1711–1754) Domkustos v. Mainz Rektor d. Univ. Mainz Domherr zu Bamberg u. Würzburg
      - Anselm Franz (1681–1726) Kais. General ⚭ Maria Theresia v. Montfort (1698–1751)

Agatha Maria
⚭ Georg Anton Waldbott
v. Bassenheim (1561–1639)
Domherr zu Speyer
u. Worms

Catharina Elisabetha
(1652–1707)
⚭ Heinrich v. Hatzfeld
u. Gleichen (1641–1683)

Johann Erwein
(1654–1705)
Hr. v. Reichelsberg
u. Heusenstamm
zwei Ehen, kinderlos

Lothar Franz
(1655–1729)
Fürstbf. v. Bamberg
Erzbf. v. Mainz

6 weitere Töchter

Maria Eleonore
(1679–1718)
⚭ (1) Johann Otto
v.Dernbach
(1658–1697)
⚭ (2) Rudolf Franz Erwein
v. Schönborn
(1677–1754)

Franz Georg
(1682–1756)
Erzbf. v. Trier,
Fürstbf. v. Worms
Fürstpropst

Anna Philippina
(1685–1721)
⚭ Maximilian Franz
zu Seinsheim
(†1737)

4 weitere Töchter

Marquard Wilhelm
(1683–1769)
Dompropst v. Bamberg
u. Eichstätt, Domherr v.
Trier, Speyer u. Würzburg

Amalia Elisabeth
(*1687)
⚭ Otto Ernst Leopold
v. Limburg-Stirum
(1684–1754)

Eugen Franz Erwein
(1727–1801)
Kais. Geh. Rat
u. Kämmerer
⚭ (1) Maria Elisabeth
zu Salm-Salm (1729–1775)
⚭ (2) Maria Theresia v.
Colloredo (1744–1828)

Adam Friedrich
v. Seinsheim
(1708–1779)
Fürstbf. v. Würzburg
u. Bamberg

Damian August Philipp
v. Limburg-Stirum
(1721–1797)
Fürstbf. v. Speyer

Wilhelm Eugen
(1765–1770)

5 weitere Töchter

Franz Philipp Joseph
(1768–1841)
Österreichische Linie

Sophia Theresia
(1772–1810)
Ehe kinderlos

Franz Erwein Damian
(1776–1840)
Fränkische Linie

Friedrich Karl
(1781–1849)
Böhmische Linie

Anhang

ZEITTAFEL

13. Jh.	Erste urkundliche Erwähnung des Geschlechts
1588	Friedrich Georg von Schönborn-Hahnstätten Domkapitular in Mainz und erster Prälat der Familie
1618	Ausbruch des Dreißigjährigen Krieges
1642	Johann Philipp von Schönborn Fürstbischof von Würzburg, seit 1647 Erzbischof und Kurfürst von Mainz, seit 1663 Fürstbischof von Worms
1648	Westfälischer Friede beendet Dreißigjährigen Krieg
1658	Erster Rheinbund; Kaiserwahl Leopold I. von Habsburgs
1673	Tod Johann Philipp von Schönborns in Würzburg
1688–1697	Pfälzischer Erbfolgekrieg
1693	Lothar Franz von Schönborn Fürstbischof von Bamberg, seit 1695 Erzbischof und Kurfürst von Mainz
1695	Beginn der Erweiterungsarbeiten an der Bamberger Residenz
1701–1714	Spanischer Erbfolgekrieg
1707	Öffentliche Konversion Elisabeth Christine von Braunschweig-Wolfenbüttels im Bamberger Dom
1711	Wahl und Krönung Kaiser Karls VI. in Frankfurt a. M.; Beginn der Bauarbeiten an Schloss Weißenstein in Pommersfelden
1719	Johann Philipp Franz von Schönborn Fürstbischof von Würzburg; Damian Hugo Philipp von Schönborn Fürstbischof von Speyer, seit 1715 Kardinal, ab 1740 Fürstbischof von Konstanz
1720–1744	Bau der Würzburger Residenz im Rohbau
1724	Tod Johann Philipp Franz von Schönborns bei Würzburg
1729	Tod Lothar Franz von Schönborns in Mainz
1729	Friedrich Karl von Schönborn Fürstbischof von Bamberg und Würzburg, von 1705–1734 Reichsvizekanzler in Wien; Franz Georg von Schönborn Erzbischof und Kurfürst von Trier, seit 1732 Fürstbischof von Worms und Fürstpropst von Ellwangen
1733–1735	Polnischer Erbfolgekrieg
1736	Vollendung der Schönbornkapelle am Würzburger Dom
1740–1748	Österreichischer Erbfolgekrieg
1742	Kaiserwahl des Wittelsbachers Karl Albrecht
1743	Einweihung der Würzburger Hofkirche; Tod Damian Hugo Philipp von Schönborns in Bruchsal
1745	Kaiserwahl Franz I. Stephan
1746	Tod Friedrich Karl von Schönborns in Würzburg

1750–1753	Ausmalung von Kaisersaal und Treppenhaus der Würzburger Residenz durch den Venezianer Giambattista Tiepolo
1756	Tod Franz Georg von Schönborns in Koblenz
1756–1763	Siebenjähriger Krieg
1789	Ausbruch der Französischen Revolution
1792–1797	Erster Koalitionskrieg, Besetzung Frankens durch französische Truppen
1801	Friede von Lunéville: Bestätigung der Rheingrenze zwischen Frankreich und dem Reich; Entschädigung der Fürsten durch Säkularisation rechtsrheinischen Kirchenbesitzes
1803	Reichsdeputationshauptschluss: Aufhebung der geistlichen Fürstentümer; Bamberg und Würzburg gehen an Kurbayern
1806	Gründung des Rheinbunds; Ende des Heiligen Römischen Reiches

LITERATURVERZEICHNIS

Klaus-Jürgen Boecker: Ländliche Kirchen in Franken unter Friedrich Karl von Schönborn: Kunst- und kulturhistorische Erörterung zum ländlichen Sakralbau des Spätbarocks in der Region Franken, Europäische Hochschulschriften Reihe 28, Kunstgeschichte, Bd. 313, Frankfurt a. M. 1998

Gerhard Bott (Hrsg.): Die Grafen von Schönborn. Kirchenfürsten, Sammler, Mäzene. Ausstellungskatalog des Germanischen Nationalmuseums, Passau 1989

Karin Dengler-Schreiber: Bamberg – Kleine Stadtgeschichte, Regensburg [4]2020

Werner Dettelbacher/Stefan Fröhling/Andreas Reuß: Franken. Entdeckungsfahrten zwischen Spessart und Fichtelgebirge: Würzburg, Nürnberg, Bamberg, Bayreuth, Rothenburg, DuMont Kunst-Reiseführer, Ostfildern 2012

Rudolf Distler: Die vergessenen »Schönbornfranken« in der Region Mukatschewo/Ukraine. Zur Geschichte und Volkskultur einer deutschsprachigen Minderheit, Inaugural-Dissertation an der Otto-Friedrich-Universität Bamberg, Bamberg 2002

Jürgen Emmert: Pfarr- und Wallfahrtskirche Maria Limbach, Schnell Kunstführer Nr. 1611, Regensburg [7]2008

Johannes Erichsen/Katharina Heinemann/Katrin Janis (Hrsg.): KaiserRäume – KaiserTräume: Forschen und Restaurieren in der Bamberger Residenz, Begleitbuch zur Ausstellung in der Bamberger Residenz veranstaltet von der Bayerischen Verwaltung der staatlichen Schlösser, Gärten und Seen 21. Juli–14. Oktober 2007, München 2007

Thomas Gehrlein: Das Haus Schönborn mit seinen Linien Buchheim, Wiesentheid und Schönborn. Über 700 Jahre Gesamtgeschichte mit Stammfolgen, Deutsche Fürstenhäuser, Heft 39, Werl 2012

Axel Gotthard: Das Alte Reich 1495–1806, Darmstadt [5]2013

Peter Claus Hartmann (Hrsg.): Die Mainzer Kurfürsten des Hauses Schönborn als Reichserzkanzler und Landesherrn, Mainzer Studien zur Neueren Geschichte, Bd. 10, Frankfurt a. M. 2002

Uta Hasekamp: Die Schlösser und Gärten des Lothar Franz von Schönborn. Das Stichwerk nach Salomon Kleiner, Grüne Reihe: Quellen und Forschungen zur Gartenkunst, hrsg. von Ferdinand Werner, Worms 2005

Werner Helmberger (Bearbeiter): Residenz und Hofgarten Würzburg. Amtlicher Führer. Bayerische Verwaltung der staatlichen Schlösser, Gärten und Seen, München 2019

Friedhelm Jürgensmeier: Johann Philipp von Schönborn (1605–1673) und die römische Kurie. Ein Beitrag zur Kirchengeschichte des 17. Jahrhunderts, Quellen und Abhandlungen zur mittelrheinischen Kirchengeschichte, Bd. 28, Mainz 1977

Dgl.: Lothar Franz von Schönborn, in: Fränkische Lebensbilder. Neue Folge der Lebensläufe aus Franken, Reihe VII A, Bd. 8, hrsg. im Auftrag der Gesellschaft für fränkische Geschichte von Gerhard Pfeiffer und Alfred Wendehorst, Neustadt/Aisch 1978, S. 103–129

Dgl.: Das Bistum Mainz. Von der Römerzeit bis zum II. Vatikanischen Konzil, Beiträge zur Mainzer Kirchengeschichte, Bd. 2, Frankfurt a. M. 1989

Dgl.: Fürstbischof Johann Philipp von Schönborn (1642–1673), in: Unterfränkische Geschichte, hrsg. von Peter Kolb und Ernst-Günter Krenig im Auftrag des Bezirks Unterfranken, Bd. 3: Vom Beginn des konfessionellen Zeitalters bis zum Ende des Dreißigjährigen Krieges, Würzburg 1995, S. 363–390

Dgl. (Hrsg.): Handbuch der Mainzer Kirchengeschichte, Bd. 3: Neuzeit und Moderne, Würzburg 2002

Dgl.: Die Schönborn. Ihr Aufstieg von »armen Westerwälder Edelleuten« zu Fürsten des Reiches, Bad Emser Hefte 234, hrsg. vom Verein für Geschichte/Denkmal- und Landschaftspflege e. V. Bad Ems, Bad Ems 2003, S. 1–23

Dgl.: Johann Philipp von Schönborn (1605–1673). Erzbischof-Kurfürst-Erzkanzler des Reiches, Mainzer Vorträge 12, Stuttgart 2008, unter: www.regionalgeschichte.net

Anja Karlsen: Das mitteleuropäische Treppenhaus des 17. und 18. Jahrhunderts als Schaubühne repräsentativer Inszenierung, Petersberg 2016

Sebastian Karnatz (Bearbeiter): Neue Residenz Bamberg. Amtlicher Führer. Bayerische Verwaltung der staatlichen Schlösser, Gärten und Seen, München 2022

Franz Klein: Wallfahrts- und Pfarrkirche Walldürn, Schnell Kunstführer Nr. 774, Regensburg [8]2002

Harm Klueting: Das konfessionelle Zeitalter. Europa zwischen Mittelalter und Moderne. Kirchengeschichte und allgemeine Geschichte, Darmstadt 2007

Stephan Kremer: Herkunft und Werdegang geistlicher Führungsschichten in den Reichsbistümern zwischen Westfälischem Frieden und Säkularisation, Freiburg 1992

Peter O. Krückmann (Hrsg.): Tiepolo in Würzburg: Der Himmel auf Erden, anlässlich der Ausstellung »Der Himmel auf Erden – Tiepolo in der Residenz Würzburg« der Bayerischen Verwaltung der staatlichen Schlösser, Gärten und Seen in der Residenz Würzburg vom 15. Februar bis zum 19. Mai 1996, Bd. 1 und 2, München 1996

Christian Lorey unter Mitarbeit von Christopher Vogl und Anette Rudolph: Gaibach, Pfarrkirche und Kreuzkapelle, Gerchsheim 2012

Bruno Neundorfer (überarbeitet von Norbert Jung und Holger Kempkens): Der Dom Bamberg, Schnell Kunstführer Nr. 100, Regensburg [19]2012

Winfried Romberg (Bearbeiter): Das Bistum Würzburg (8). Die Würzburger Bischöfe von 1684 bis 1746, Germania Sacra. Die Kirche des alten Reiches und ihre Institutionen, Dritte Folge 8: Die Bistümer der Kirchenprovinz Mainz, hrsg. von der Akademie der Wissenschaften zu Göttingen unter der Leitung von Hedwig Röckelein, Berlin/Boston 2014

Dgl. (Bearbeiter): Das Bistum Würzburg (9). Die Würzburger Bischöfe von 1746 bis 1802, Germania Sacra. Die Kirche des alten Reiches und ihre Institutionen, Dritte Folge 18: Die Bistümer der Kirchenprovinz Mainz, hrsg. von der Akademie der Wissenschaften zu Göttingen unter der Leitung von Hedwig Röckelein, Berlin/Boston 2020

Dieter Schäfer: Geschichte Würzburgs. Von den Anfängen bis zur Gegenwart, München 2003

Dietmar Schiersner und Hedwig Röckelein (Hrsg.): Weltliche Herrschaft in geistlicher Hand. Die Germania Sacra im 17. und 18. Jahrhundert, (Studien zur Germania Sacra, Neue Folge 6),Berlin/Boston 2018

Georg Schmidt: Der Dreißigjährige Krieg, München [6]2003

Erich Schneider: Balthasar Neumann. Schlussakkord der Barockarchitektur, Regensburg 2023

Erich Schneider/Dieter J. Weiß (Hrsg.): 1711–2011: 300 Jahre Schloss Weißenstein ob Pommersfelden, Wissenschaftliches Symposium der Gesellschaft für fränkische Geschichte am 15. und 16. September 2011, Veröffentlichungen der Gesellschaft für fränkische Geschichte, Reihe VIII: Quellen und Darstellungen zur fränkischen Kunstgeschichte, Band 17, Würzburg 2014

Wolfgang Schneider: Kiliansdom Würzburg, Schnell Kunstführer Nr. 232, Regensburg [15]2016

Sylvia Schraut: Das Haus Schönborn. Eine Familienbiographie. Katholischer Reichsadel 1640–1840, Paderborn 2005
Hans Sedlmayr: Johann Bernhard Fischer von Erlach, Wien, München 1956
Peter Stephan: »Im Glanz der Majestät des Reiches«. Tiepolo und die Würzburger Residenz: Die Reichsidee der Schönborn und die politische Ikonologie des Barock, Weißenhorn 2002
Barbara Stollberg-Rilinger: Das Heilige Römische Reich Deutscher Nation. Vom Ende des Mittelalters bis 1806, München 2006
Johannes Süßmann: Vergemeinschaftung durch Bauen. Würzburgs Aufbruch unter den Fürstbischöfen aus dem Hause Schönborn, Historische Forschungen, Bd. 86, Berlin 2007
Milada Vilimkova/Johannes Brucker: Dientzenhofer. Eine bayerische Baumeisterfamilie der Barockzeit, Rosenheim 1989
Dieter J. Weiss: Das exemte Bistum Bamberg (4). Die Bamberger Bischöfe von 1693 bis 1802, Germania Sacra. Die Kirche des alten Reiches und ihre Institutionen, Dritte Folge 12, hrsg. von der Akademie der Wissenschaften zu Göttingen unter der Leitung von Hedwig Röckelein, Berlin/Boston 2016
Wolfgang Wüst: Geistlicher Stand und Altes Reich, München 2001

BILDNACHWEIS

Akg-images: 24
Alamy Stock Foto: 148, 149 r.
© Bildarchiv Foto Marburg/Bayerische Schlösserverwaltung: 69 (Th. Scheidt; Ch. Stein, DI015671 Kaisersaal, R. 9, Bamberg, Neue Residenz), 122 (Achim Bunz (CbDD), DI016544 Treppenhaus, Blick Richtung Süden vom Umkehrpodest aus, R. 3, Würzburg, Residenz und Hofgarten)
Christian Rehberger: 60
© Gemeinnützige Stiftung Schloss Weissenstein: 73
https://commons.wikimedia.org: 46, 84, 96, 99, 120, 149 l., 152, 156
Institut für Kunstgeschichte Universität Würzburg, Sammlung Eckert 44: 146
Interessengemeinschaft Gutshof Öttershausen e. V., mit freundlicher Genehmigung der der kath. Kirchenstiftung Allerheiligste Dreifaltigkeit Gaibach: 64
Karin Schneider-Ferber: 35, 135, 139
Pfarrei St. Mauritius Wiesentheid: 143
Staatliches Bauamt Bamberg, Foto: Basilika Vierzehnheiligen: 140
© Stadt Walldürn: 133
Stock.adobe.com: 10 (helmutvogler), 17 (Lapping Pictures), 34 (René Bittner), 53 (pusteflower9024), 67 (Fineart Panorama), 70 (saiko3p), 76 (Falko Göthel), 89 (WernerHilpert), 118 (mojolo), 136 (LianeM), 138 (Animaflora PicsStock), 153 (Comofoto)